인생은 연습이 없어요

인생은 연습이 없어요

이두형 목사
지음

 엘맨

하나님의 사람을 만들어 가는 ELMAN

인생은 연습이 없다는 진리를 알기에

자신의 인생에 대한 해답을 알거나
인생의 의미와 목적을 분명하게 이해하고
살아가는 사람이 얼마나 될까?
예수 안에 인생의 해답이 있음을 알아야 하겠기에
그 놀라운 비밀을 알려주어야 하겠기에
여기 20년의 눈물과 땀을 모아
작은 외침을 몸부림 삼아 질러본다.

1998년 9월 1일!
서인천제일교회가 이 세상에 세워졌다.
그리고 지난 20년 동안 모질게 살아남아
예수 그 아름다운 이름을 세상에 전하는 교회가 되었다.
그리고 설립 20주년을 기념하여
여기 이 작은 책을 세상에 내 놓는다.

사랑하는 사람들은 더 사랑해야 하고
소망 없이 세상을 살아가는 사람들은
참 소망이 되시고
영원히 마르지 않는 생수가 되시는
예수 그리스도를 향해
무한 질주를 멈추지 않아야 한다.

이미 죽음을 향해 출발한 인생이기에
인생은 연습이 없다는 진리를 알기에
오늘도 나는 그 분을 바라본다.
내 인생의 전부가 되시는 그 분을......

사랑하는 우리 서인천제일교회 성도들에게
온 가슴으로 사랑한다고 말하고 싶다.

2018년 9월 1일

서인천제일교회 목양실에서
청오(晴晤) 이두형 목사

목 차

1

구원과 복음

창조주의 눈을
피할 수 없으리라

이에 다니엘이 부름을 받아 왕의 앞에 나오매 벨사살이 명하여 그들이 다니엘에게 자주색 옷을 입히게 하며 금 사슬을 그의 목에 들어 주고 그를 위하여 조서를 내려 그로 나라의 셋째 통치자로 삼으니라 그 날 밤에 갈대아 왕 벨사살이 죽임을 당하였고 메대 사람 다리오가 나라를 얻었는데 그 때에 다리오는 육십이 세였더라

(다니엘 5장 13-31절)

마냥 흐른다고 해서

주인이 없거나

관리자가 없다고 생각해서는 안 되는 것이 역사다.

왜냐하면 이 세상의 모든 역사는

다 하나님의 섭리와 통치 하에 진행되고 있기 때문이다.

이 말은 우리가 모르는 사이에도

역사의 주인이신 하나님께서는 변함없이 이 세상을 주관하시며

그 속에서 철저하게 당신의 뜻을 이루어 가신다.

어차피 그 분의 눈을 피할 수 없다면

반대로 그 분의 눈에 띄도록 행동을 수정하면 되는 일이다.

그 분의 눈에 잘 띈다면 그건 성공으로 가는

지름길임에 틀림없다.

관리자의 눈에 띤다는 것은

일단은 자신을 가장 효과적으로 알릴 수 있는 방법을 찾았다는

말이기도 하다.

세상을 다 가진 것처럼 착각하고

혼돈 가운데 살아가는 사람이 있었다.

벨사살이라 이름하는 바벨론 왕은

아버지가 물려준 나라와 백성들이

저절로 이루어지고 유지되는 것처럼 생각하고

그 영광에 취한 채 그것을 과시하며 잔뜩 오만해 있었다.

그러나 지위가 높으면 거기에 따르는 책임도 크다는 사실을
알아야 한다.
책임은 뒤로 미룬 채 영광만을 취하려 하는 것처럼
어리석은 일은 없다.
벨사살은 한 나라의 제왕이기에 앞서
역사를 운행하시는 분 앞에
한낱 보잘 것 없는 미물 같은 존재에 불과했다.
그러나 교만한 벨사살은 역사를 주관하시는 하나님께서
지혜자로 사용하시던 다니엘조차도 안중에 없었다.
그 결과 그는 준엄한 역사의 심판대 앞에 서게 된다.
그날 밤 벨사살은 정체 모르는 사람에 의해 죽임을 당하였다.
이것은 그 또한 역사의 한 부분을 지나지 않는
작은 존재에 불과했다는 사실을 보여주는 것이라 하겠다.
역사의 저울에 달아보아 나는 부족함이 없는지 살펴보라.
역사를 주관하시는 분의 저울 위에서
나는 자유할 수 있는지 생각하라!

세상을 향한 누룩이 되어

또 비유로 말씀하시되
천국은 마치 여자가 가루 서 말 속에 갖다 넣어
전부 부풀게 한 누룩과 같으니라

(마태복음 13장 33절)

15

요즘은 많이 사용하지 않는 것 중에 누룩이라는 효모가 있다.

밀가루 속에 넣어 반죽을 해서 빵을 만들거나,

약간 된밥 즉 고두밥에 버무려서 술을 만드는데 사용하곤 했던

우리와 아주 친근한 발효제였다.

그런데 이 누룩이 변화무쌍한 세월에 밀려서

서서히 역사의 뒤안길로 사라지고 묻혀가는 것 같다.

이스라엘 민족들은 빵을 만들 때 주로 이 누룩을 사용했는데

그들이 얼마나 훌륭하게 이 누룩을 사용했는지

세계에서 가장 맛있는 빵이

바로 이스라엘 사람들이 만든 빵이라고 한다.

누룩이 이처럼 거친 밀가루반죽을 곱게 해주고

거친 밥알을 부드럽게 해서 부드러운 빵을 만들어내고

술을 빚어낼 수 있는 데는

누룩 고유의 특징이 있기 때문이다.

누룩은 어떤 경우에도 자신을 드러내지 않는다.

은근하고 부드럽게 목적하는 물질 속에 녹아져서

자신의 온몸으로 그 물질을 변화시켜간다.

아무도 모르게 누구도 눈치 채지 못하게 조용하게

그러나 확실하게 자신과 함께하는 환경을 변화시켜 버린다.

그것으로 자신의 생명이 끝난다는 사실을 알면서도

누룩은 자신의 온전한 희생을 통해

목적하는 바를 반드시 이루어낸다.

전혀 눈에 보이지 않으면서도

보이는 것을 변화시키는 누룩의 능력을

우리는 어떤 의미로 받아들여야 하는 것일까?

보이는 것만을 추구하고 보이는 것에 기대어

목매고 살아가는 우리의 모습이 한없이 부끄럽다.

우리도 보이지 않는 것으로 세상을 정복해 가자.

보이지 않는 희망으로 세상을 사로잡고,

보이지 않는 사랑으로

온 세상 사람들의 모든 가슴을 녹여버리자.

삶에 지쳐 축 늘어뜨린 저 수많은 어깨를 향하여

보이지 않아도 보이는 것보다 더 따뜻한

우리의 가슴을 전하고 싶다.

소돔에서 서성대지 말라

그 사람들이 롯에게 이르되 이 외에 네게 속한 자가 또 있느냐 네 사위나 자녀나 성 중에 네게 속한 자들을 다 성 밖으로 이끌어 내라 그들에 대한 부르짖음이 여호와 앞에 크므로 여호와께서 이 곳을 멸하시려고 우리를 보내셨나니 우리가 멸하리라 롯이 나가서 그 딸들과 결혼할 사위들에게 말하여 이르기를 여호와께서 이 성을 멸하실 터이니 너희는 일어나 이 곳에서 떠나라 하되 그의 사위들은 농담으로 여겼더라 동틀 때에 천사가 롯을 재촉하여 이르되 일어나 여기 있는 네 아내와 두 딸을 이끌어 내라 이 성의 죄악 중에 함께 멸망할까 하노라 그러나 롯이 지체하매 그 사람들이 롯의 손과 아내의 손과 두 딸의 손을 잡아 인도하여 성 밖에 두니 여호와께서 그에게 자비를 더하심이었더라

(창세기 19장 12-16절)

현대인들의 눈에 가장 먼저 들어오는 것이 무엇일까?

그리고 현대인들이 가장 선호하는 것이 무엇일까?

흐릿한 기억이긴 하지만

어떤 조사에서 현대의 젊은이들이 가장 갖고 싶어 하는 것이

자동차라고 하는 연구발표가 있었음을 기억한다.

현대의 젊은이들은 집보다도 자동차를 우선시 했으며,

안정되고 편안한 직장이나 가정보다는

인생을 신나게 즐길 수 있는 여건을 더 선호한다는 것이다.

밥은 굶으면 되고,

집은 빌려서 살면 되지만

인생은 돌이킬 수 없는 것이기에,

특히 젊음은 재창출되는 것이 아니기에,

젊었을 때 아예 그 젊음 자체를

후회 없이 즐기고 보자는 것이다.

그런데 그것은 신나는 젊음이 지나간 후에 있을

가슴 쓰라린 인생을 저들이 전혀 알지 못하는

어리석은 소행이라 아니할 수 없다.

젊음보다도, 우리의 인생보다도

더 소중한 것이 무엇인지를 아는 지각이 없기에

저들은 새벽이슬 같은 그 아름다운 젊음을

다 시들게 만들고 있는 것이다.

이 세상 모든 사람들이 다 알고 있는 이야기 중에

소돔과 고모라 이야기가 있다.

결코 아름답지도 자랑스럽지도 않은 소돔 이야기는

상실의 시대를 살아가는 수많은 사람들에게

또 한 번의 상실을 일깨워주는 이야기이다.

인생의 부귀영화와 모든 쾌락이

한줌의 재보다 나을 게 없다는 진리를

소돔이라는 한 마디에 함축하고 있는데,

오늘날도 이 섬뜩한 쾌락을 좇아

줄타기 인생을 살아가는 안타까운 사람들이 있다.

소돔에 살고 있다는 그 한 가지 사실만으로

그들은 모두 멸망이라는 종말을 맞아야만 했는데,

아직도 소돔성에 타다 남은 유황불 같은 즐거움을 바라보며

비참한 종말을 기웃거리는 인생이 있으니 어쩌랴!

주님을 버리고 떠난 사람들

너는 어서 속히 내게로 오라 데마는 이 세상을 사랑하여 나를 버리고 데살로니가로 갔고 그레스게는 갈라디아로, 디도는 달마디아로 갔고 누가만 나와 함께 있느니라 네가 올 때에 마가를 데리고 오라 그가 나의 일에 유익하니라 두기고는 에베소로 보내었노라 네가 올 때에 내가 드로아 가보의 집에 둔 겉 옷을 가지고 오고 또 책은 특별히 가죽 종이에 쓴 것을 가져오라 구리 세공업자 알렉산더가 내게 해를 많이 입혔으매 주께서 그 행한 대로 그에게 갚으시리니 너도 그를 주의하라 그가 우리 말을 심히 대적하였느니라 내가 처음 변명할 때에 나와 함께한 자가 하나도 없고 다 나를 버렸으나 그들에게 허물을 돌리지 않기를 원하노라

(디모데후서 4장 9-16절)

2천 년 전

로마의 압제 아래 숨죽이며 살아가던 민족이 있었다.

이대로 살아서는 안 된다고 생각은 했지만

현실은 역부족이었다.

그래서 그들은 민족을 구원해 줄 구원자를 기다리며 살았다.

그리고 그들의 바람대로

정말 그 민족을 구원하실 구원자가 나타나셨다.

구원자로 오신 그분은 이제 그 나라의 왕으로서

당당히 자기 나라의 도성에 입성하셨다.

수많은 사람들은 새로운 왕을 환영하며

손에 손을 흔들며 영접하였다.

화려하진 않을지라도

새로운 왕의 입성과 환영행사는

그런대로 세상에 왕을 알리기에 모자람이 없는 행사였다.

그 분은 열심히 자기 나라에 대해서,

아버지의 나라에 대해서 설명하였으며,

많은 사람들이 그 분을 따랐고 그의 말에 동조하였다.

이제 그 분은 어디서나 당당하게 자신의 뜻을 나타내셨으며

왕의 말씀을 들으려는 자들로 주변은 늘 붐비고 있었다.

그런데 그분에게 이렇게 좋은 일만 있는 것이 아니었다.

사랑하고 아끼던 자가 그를 버리고 떠나갔기 때문이다.

왕을 버리고 떠난 자에게 돌아오는 것이 무엇인가?

무서운 심판이다.

세상에서 볼 수 없는 무서운 심판이

왕을 떠난 자들에게 주어질 것이다.

버리고 떠난 것은 배신이며 왕에 대한 크나큰 모독이다.

그래서 왕께서는 반드시 그를 떠난 자들에 대해

그 책임을 물으실 것이다.

왕을 버리고 떠난 자들,

자기의 주인을 몰라보고 떠난 자들!

세상은 숨을 곳도 있고 발 붙일 곳이라도 있지만

왕의 나라는 절대로 왕의 허락이 아니고서는

들어갈 수도 숨을 수도 없는 장소임을 알아야 한다.

지난 2천 년 전,

왕이 자기 땅에 왕으로 입성하던 날

백성들이 흔들던 종려나무 가지를

오늘은 우리 손에 잡고 그 분을 환영함이 어떨는지…

가서 형제들에게 이르라

예수께서 이르시되 여자여 어찌하여 울며 누구를 찾느냐 하시니 마
리아는 그가 동산지기인 줄 알고 이르되 주여 당신이 옮겼거든 어
디 두었는지 내게 이르소서 그리하면 내가 가져가리이다 예수께서
이르시되 나를 붙들지 말라 내가 아직 아버지께로 올라가지 아니하
였노라 너는 내 형제들에게 가서 이르되 내가 내 아버지 곧 너희 아
버지, 내 하나님 곧 너희 하나님께로 올라간다 하라 하시니 막달라
마리아가 가서 제자들에게 내가 주를 보았다 하고 또 주께서 자기
에게 이렇게 말씀하셨다 이르니라

(요한복음 20장 11-18절)

졸지에 사랑하는 사람을 먼저 떠나보내고
슬퍼할 여유조차 없는 여인이 있었다.
하늘이 무너진다 해도 그보다는 덜하겠고
땅이 솟아오른다 해도 그만은 못할 것이다.
맘먹고 한바탕 목 놓아 울고도 싶은데
통곡소리마저 들어 줄 사람이 없어 울지도 못했다.
아직도 머릿속엔 어제 오후 밝은 대낮에
강도처럼 비참하게 죽어간
사랑하는 사람의 생각으로 꽉 차 있다.
금방이라도 살아서 돌아 올 것만 같아
문을 닫아 걸 수도 없어 온 밤을 뜬눈으로 새웠다.
아직도 날이 밝으려면 한참이 남았는데
빈 무덤이라도 보고 싶은데 새벽이 더디다.
이제 더 이상은 밝아오는 동녘을 기다릴 수 없다.
주섬주섬 입는 둥 마는 둥 옷가지를 걸쳐 입고
사랑하는 님의 무덤을 향해 새벽을 내달린다.
무덤이라도 잘 있는지,
밤새 무슨 일은 없었는지 속이 다 타들어가
달리는 발걸음에 이슬이 스치는 것도 모른다.
헝클어진 머리채,
풀어헤쳐진 옷고름하며,

새벽 내내 쏟고 온 이슬에 사람의 몰골이 아니다.

열린 무덤 문이 사람의 심장을 오싹하게 할 만도 하건만

없어진 시체만을 찾아 헤매는 모습이 마치 실성한 사람 같다.

누가 내 님의 시체를 가져 간 것인가?

시신만이라도 보고 싶었는데…

무덤에서 사라진 시신 때문에 망연자실한 여인에게

낯익은 목소리가 들린다.

"마리아야!"

이제 영원히 못들을 줄만 알았던 음성이

죽은 자에게서가 아니라 산 자에게서 들린다.

그 분이 다시 살아나신 것이다.

죽음을 이기신 그분!

죽은 자 가운데가 아니라 분명히 산 자 가운데 그 분이 계셨다.

세상 모든 절망과 통곡과 아픔이

한 순간에 기쁨과 행복으로 바뀌는 순간이었다.

살아나신 그 분은 말씀하신다.

"너는 내 형제들에게 가서 이르라"

죽음을 이기신 분의 승리의 소식이 전해지는 순간이었다.

호소하는 핏소리

이르시되 네가 무엇을 하였느냐
네 아우의 핏소리가 땅에서부터 내게 호소하느니라

(창세기 4장 10절)

사람이 살아가면서 가장 필요한 것은

의식주에 관한 문제일 것이다.

의식주가 해결되고 나면

왠지 여유가 있어 보이기도 하지만 그게 사실이다.

의식주 문제가 해결되고 나면

당분간 그에 상응하는 이슈가 없다.

그래서 정신없이 뛸 이유도 없고

모처럼 두리번거리며 사람을 살피게 된다.

의식주에 관한 문제가 해결되고 나면

자연스레 영혼에 관한 문제로 인간이해가 전이된다.

그래서 영원을 생각하고

영생을 생각하고

초월자를 생각하게 되는 것이다.

최초의 사람 아담부부에게는

사랑하는 아들 가인과 아벨이 있었다.

이 두 아들이 어느 날 하나님께 드린 제사 문제로

형제 사이에 금이 가더니

급기야 가인이 아벨을 들에서 쳐 죽이는 대형사고가 발생한다.

이것이 인류 최초의 살인이었다.

결국은 한 사람이 억울하게 죽어 땅에 묻힌 것이다.

그런데 성경은 아벨의 죽음을 가인에게 알리면서

"네 아우의 핏 소리가 땅에서부터 내게 호소하느니라"고 말씀하고 있다.

이 문제를 전도와 연관시켜 조명해 보자.

우리 주변에는 많은 교회들이 있다.

그리고 각각의 교회들마다

그들이 가진 나름대로의 꿈과 비전이 있다.

그런데 무서운 일은

우리가 전도하지 않은 사람이 하나님 앞에 호소한다는 것이다.

그가 흘린 죽음의 피가 하나님 앞에서 호소한다는 것이다.

그렇다면 우리가 전도하지 않은 그 사람이

형제일 수도, 부모님일 수도,

다정한 이웃일 수도 있다는 말이 된다.

저들의 소리에 하나님께서 그 핏 값을 찾으신다면

그때 우리에게 무슨 할 말이 남아 있겠는가?

저들의 피가 우리를 호소하기 전에

우리가 먼저 저 수많은 영혼들을

주님께로 인도해 옴이 마땅한 일이다.

나도 전도자입니다

사울은 그가 죽임 당함을 마땅히 여기더라 그날에 예루살렘에 있는 교회에 큰 박해가 있어 사도 외에는 다 유대와 사마리아 모든 땅으로 흩어지니라 경건한 사람들이 스데반을 장사하고 위하여 크게 울더라 사울이 교회를 잔멸할 새 각 집에 들어가 남녀를 끌어다가 옥에 넘기니라 그 흩어진 사람들이 두루 다니며 복음의 말씀을 전할 새 빌립이 사마리아 성에 내려가고 그리스도를 백성에게 전파하니 무리가 빌립의 말도 듣고 행하는 표적도 보고 한마음으로 그가 하는 말을 따르더라 많은 사람에게 붙었던 더러운 귀신들이 크게 소리를 지르며 나가고 또 많은 중풍병자와 못 걷는 사람이 나으니 그 성에 큰 기쁨이 있더라

(사도행전 8장 1-8절)

그리스도인들이 가장 자신 없어하고

가장 싫어하고 가장 부담을 느끼는 것이 전도일 것이다.

그래서 전도 이야기만 나오면 주눅이 들고

부담은 느끼는데 실제로는 움직일 수가 없고

양심의 가책을 느끼면서도 어찌할 수 없는 것이 전도이다.

그러나 전도는 하고 싶다고 해서 되는 것도 아니고

하기 싫다고 그냥 지나칠 수 있는 것도 아니다.

전도는 반드시 성령을 받아야만 할 수 있는 것이다.

오순절 날 성령강림이 있고난 후부터

제자들은 나가서 담대히 복음을 전하였다.

이는 전도가 사람의 힘이 아닌

성령의 능력으로 되는 것임을

확인시켜주는 대목이라고 하겠다.

따라서 전도보다 소중한 것은

먼저 나 자신을 하나님께 드리는 것이다.

나를 드릴 때 주님께서 나를 통해 일하시는 것이다.

그때 비로소 우리는 언제 어디서나 누구를 향해서도

담대하게 복음을 전할 수 있게 되는 것이다.

형편이 좋아지고 난 후, 혹은 아이가 좀 크고 나면이라는 핑계는

전도자의 입에서 나올 만한 이야기는 아니다.

내가 처한 위치, 내가 처한 환경 그 자체가

전도할 기회라는 인식의 전환이 필요하다.

망치 하나와 조그만 정 하나로 바위를 가르는 석수가

단 한방에 바위를 쪼갤 수는 없다.

쉴 새 없이 때리고 또 때리다보면

어느 순간에 거대한 바위가 쪼개지는 것이다.

그래서 그 마지막 한 방을 위해

석수는 오랜 시간을 수없이 망치질을 해대는 것이다.

한 사람이 주께 돌아오는 것도

이처럼 수많은 접촉을 통해 얻어진 결과라고 할 수 있다.

때론 내가 열심히 망치질을 했는데

열매는 엉뚱하게 다른 사람이 거둘 수도 있다.

그러나 그것이 하나님의 영광을 위해서라면

그 또한 아름다운 일이 아니겠는가?

중요한 것은 지금 내가 최선을 다해 망치질을 하고 있는가?

하는 것이다.

참 평안이 세상 어디에 있는가?

평안을 너희에게 끼치노니 곧 나의 평안을 너희에게 주노라 내가 너희에게 주는 것은 세상이 주는 것과 같지 아니하니라 너희는 마음에 근심하지도 말고 두려워하지도 말라

(요한복음 14장 27절)

사람이라면 누구나가 다 한결같이 찾고 있는 것이 평안이다.

그런데 사람들이 그토록 애타게 찾고 있는 평안은

이 세상에 없다.

그것이 인간이 직면한 가장 큰 비극이다,

사람들은 평안을 원하는데 원하는 평안은 없고

그 대신 불안과 공포와 두려움만 다가오고 있다.

한때 다들 가난하게 살던 시절이 있었다.

그건 국가적인 가난이었다.

그래서 제법 성공했다는 사람들은 자신들을 가리켜

"밥 걱정은 안 하고 산다"고 거들먹거리며 말하곤 했다.

이제는 밥 한 숟가락이라도 더 퍼 먹으려고

형제들끼리 숟가락을 부딪치던 시절은 지났다.

그만큼 살기가 좋아졌다는 것이다.

그러나 그때나 지금이나 삶에 평안이 없기는 매한가지다.

인류 역사상 사람의 힘이나 노력으로

평안을 누려 본적은 한 번도 없었다.

세계적인 신학자였던 독일의 칼 바르트가

한번은 유엔에서 특별 강연을 하게 되었다.

그때 세계적인 석학의 강연을 경청하고 있던

유엔 대표들을 향하여

바르트는 이렇게 말했다고 한다.

"여러분은 세계의 평화를 위해서 각국을 대표하여

이곳에 모여 연구하고 토의하고 결의합니다.

그런데 대단히 미안한 말씀입니다만

여러분이 아무리 연구하고 토의하고 결의한다고 해도

여러분을 통해서는 세계평화가 절대로 오지 않습니다.

세계의 평화는 예수님이 우리에게 오실 때 이루어질 것입니다"

그렇다.

사람이 아무리 노력한다 해도

인간의 노력으로는 평안이 오지 않는다.

왜냐하면 죄로 인해

하나님과 사람의 관계가 깨어져 버렸기 때문이다.

범죄한 인간은 창조주를 두려워할 수밖에 없으며

피해 숨을 수밖에 없다.

이런 상황에서 어찌 평안을 기대할 수 있겠는가?

참 평안은 죄의 문제를 해결해주시고

우리에게 참 자유를 주신

예수 그리스도 안에서만 주어지는 것이다

성도와 불신자는 어떻게 다른가?

또 네 이웃을 사랑하고 네 원수를 미워하라 하였다는 것을 너희가 들었으나 나는 너희에게 이르노니 너희 원수를 사랑하며 너희를 박해하는 자를 위하여 기도하라 이같이 한즉 하늘에 계신 너희 아버지의 아들이 되리니 이는 하나님이 그 해를 악인과 선인에게 비추시며 비를 의로운 자와 불의한 자에게 내려주심이라 너희가 너희를 사랑하는 자를 사랑하면 무슨 상이 있으리요 세리도 이같이 아니하느냐 또 너희가 너희 형제에게만 문안하면 남보다 더하는 것이 무엇이냐 이방인들도 이같이 아니하느냐 그러므로 하늘에 계신 너희 아버지의 온전하심과 같이 너희도 온전하라

(마태복음 5장 43~48절)

교회도 많고 성도들도 많아져서

성도와 불신자를 구분하기 어려운 시대가 되었다.

그러나 옆구리에 성경과 찬송을 끼고 다닌다고 해서

다 성도라고 할 수는 없다.

성도(聖徒)는 신(神)에 의해서

불신자들과 구분되어진 거룩한 무리라는 뜻이다.

그러므로 예배당 안에서만 성도가 되고

예배당 밖에서는 불신자와 전혀 구분이 안 되는 사람을

성도라고 할 수는 없는 것이다.

그러면 성도는 불신자와 무엇이 다르며 어떻게 다른가?

가장 중요한 차이는 하나님의 사랑을 가진 데 있다고 하겠다.

열심히 기도하고, 열심히 구제하고,

경건생활을 하는 것만으로는

불신자와 전혀 구분되어지지 않는다.

왜냐하면 이교도들도 자기들 나름대로

기도와 구제와 경건생활에 힘쓰고 있기 때문이다.

그러므로 성도와 불신자의 차이점은

더 이상 기도생활이나 금식이나 구제나 경건생활 등

외형적인 것이라고 할 수 없다.

성도와 불신자의 가장 큰 차이는

그 중심에 하나님의 사랑이 있는가? 하는 것이다.

기독교인이 되었다는 것은

그 마음에 하나님의 사랑이 싹트기 시작했다는 것이다.

원수까지도 사랑할 수 있는 그 사랑은

오직 하나님만이 우리에게 주실 수 있는 것이기 때문이다.

또 다른 차이는

언제든 복음을 전할 수 있는 담대함이 있는가? 이다.

왜냐하면 주님께서 우리를 부르실 때는

평안함과 축복을 위함이 아니라

복음을 위한 전파자로 부르셨기 때문이다.

기독교인의 가장 큰 특징은

얼마나 많은 축복을 받았느냐에 있지 않고 담대한 믿음에 있는

것이다.

가장 중요한 차이는 삶에 기쁨이 넘치고 있는가? 이다.

내가 처한 환경이 아무리 고통과 괴로움의 연속일지라도

기쁨과 감사로 살아가는 것이 성도의 모습이다.

왜냐하면 우린 이미 성령의 새 술에 취해 있기 때문이다.

복음을 위하여 함께하는 성도

디모데의 연단을 너희가 아나니 자식이 아버지에게 함같이 나와 함께 복음을 위하여 수고 하였느니라

(빌립보서 2장 22절)

독일의 한 나찌 포로수용소에 수감되어 있던 가족 중에

한쪽 다리에 장애를 가진 아들을 둔 부모님이 있었다.

이 수용소는 다른 수용소와 달리 노동을 중시하는 수용소인데

노동능력이 떨어지는 수감자는

즉시 가스실로 데려가 독살하는 무서운 곳이었다.

하루하루 힘들고 고되게 일을 하면서도

아버지는 하루해가 저물면

항상 가족의 안부를 먼저 확인하는 습관이 있었다.

그날도 일을 마치고 돌아와 가족들을 확인하는데

아무도 보이지 않는다.

정신 나간 사람처럼 사람들 틈을 비집고 다니며

가족을 찾던 아버지는

벽모서리에 웅크리고 있는 큰아들을 발견하고

달려가 엄마와 장애인 동생의 안부를 물었다.

그런데 예상대로 장애가 있는 작은아들이

가스실로 끌려갔다는 것이다.

그런데 무서움과 두려움에 울면서 끌려가던 아이가

엄마가 함께 가겠다고 나서자

울음을 그치고 엄마 손을 붙잡고 가스실로 갔다는 것이다.

하늘이 무너지는 소식이었지만

엄마와 함께 두려움 없이 죽음을 맞았을 장애아들을 생각하며

아버지는 큰아들의 손을 잡고 숙소로 돌아왔다고 한다.

함께하는 사람이 있을 때

우린 어떤 힘들고 어려운 일들도 참고 견딜 수 있다.

그리고 끝내 승리할 수 있다.

세상일도 그러한데 하물며 하나님의 일이겠는가?

복음을 위해 우리가 함께할 수만 있다면

아무리 작은 능력에도 세상은 변화되어질 것이다.

바울에게는 복음을 위해 함께하는 에바브로디도가 있었다.

목숨을 아끼지 않고 도왔던

아굴라와 브리스길라 부부도 있었다.

그리고 디모데도 있었다.

지금 나는 복음을 위해 교회와 목회자와 함께하고 있는가?

하나님께서 나에게 복음을 위해 함께하라고 하셨는데

혹 그 일은 뒷전이고 다른 일에 바쁜 것은 아닌가?

복음을 위하여 주님과 함께하는 성도가 되라.

희어진 밭을 바라보는 눈

예수께서 이르시되 나의 양식은 나를 보내신 이의 뜻을 행하며 그의 일을 온전히
이루는 이것이니라 너희는 넉 달이 지나야 추수할 때가 이르겠다
하지 아니하느냐 그러나 나는 너희에게 이르노니 너희 눈을 들어
밭을 보라 희어져 추수하게 되었도다 거두는 자가 이미 삯도 받고
영생에 이르는 열매를 모으나니 이는 뿌리는 자와 거두는 자가 함
께 즐거워하게 하려 함이라 그런즉 한 사람이 심고 다른 사람이 거
둔다 하는 말이 옳도다 내가 너희로 노력하지 아니한 것을 거두러
보내었노니 다른 사람들은 노력하였고 너희는 그들이 노력한 것에
참여하였느니라

(요한복음 4장 34-38절)

조나단 에드워드의

〈갈매기의 꿈〉 이라는 책에 나오는 이야기 중에

"가장 높이 나는 새가 가장 멀리 본다"라는 말이 있다.

높은 곳에 올라 가장 큰 이상을 갖고서

아직 남들이 보지 못한 세계를 바라보며 꿈을 키울 때

가슴에 묻어둔 원대한 비전을 이룰 수 있다는 의미일 것이다.

그렇다.

앞이 보이지도 않는 나지막한 곳에서

아등바등 살지 말고

꿈이 있는 곳으로 나아가야만 꿈을 꿀 수도 있고

이미 꾼 꿈을 이룰 수도 있을 것이다.

인생은 무엇을 향해 시선을 집중시키느냐에 따라

삶의 질과 미래가 결정되어진다고 하겠다.

남들이 다 함께 바라보는 곳을 바라본다면

그는 영원히 곁에 있는 사람들의 수준을 넘어서진 못할 것이다.

그러나 다른 사람과 함께 하는 자리에서일지라도

시선을 다른 곳에 집중시킨다면

아직 남들이 생각할수도 바라볼 수도 없는

엄청난 것들을 그려내고 이루게 되는 것이다.

그 속에 인생이 있고,

인생들의 꿈이 있고,

눈물이 있고,

기쁨과 가슴 벅찬 삶이 살아 있게 되는 것이다.

예수님과 제자들의 시선은 전혀 다른 곳에 있었다.

제자들의 관심은 몰려드는 인파에 있었지만

예수님의 관심은 제자들의 관심을 넘어

전혀 다른 세상을 보고 계셨다.

죽어가는 사람들!

꿈도 소망도 없이 죽음을 향해 가면서도

자신이 왜 죽어야 하는지조차 알지 못하는 사람들에게

예수님의 관심은 집중되었다.

굳이 갈매기 조나단의 이야기를 빌리지 않더라도

사람들은 보는 만큼 생각하고

보는 만큼 움직이며,

보는 만큼 살아간다.

여기에 진리가 있는 것이다.

그렇다면 지금 우리의 시선은 무엇을 향하고 있으며,

우리는 무엇을 생각하고 있는가?

지금 우리가 바라보고 생각하고 살아가는 것들이

사람을 살리는 것들이었으면 한다.

전해야 할 말들

베드로가 그들에게 손짓하여 조용하게 하고 주께서 자기를 이끌어
옥에서 나오게 하던 일을 말하고 또 야고보와 형제들에게 이 말을
전하라 하고 떠나 다른 곳으로 가니라

(사도행전 12장 1-19절)

임진왜란 때 나라를 구한 인물 중에
이순신이라는 영웅을 모르는 이가 없다.
그가 전쟁터에서 왜군의 화살에 맞아 죽게 되었을 때
자신의 죽음을 알리지 말라고 했던 감동적인 이야기는
오늘날까지 민족의 가슴에 남아있다.
그런데 벌써 400여년이 지난 오늘날 우리가
이 이야기를 알고 있다는 사실이 전혀 이상하지 않은 건
그만큼 보편화된 이야기이기 때문이다.
그러면 누가 장군의 이야기를 전해주었을까?
그야 당연히 그 자리에 있었던 사람들이다.
그들을 통해 장군의 이야기가 전해졌고
그 이야기를 전해들은 사람들이
또다시 누군가에게 전해주기를 반복해서
오늘날 우리에게까지 전해져 알게 된 것이다.
세상에는 이렇게 꼭 전해야 할 말들이 있다.
장군의 죽음을 알리지 말라는 말을 전했던 그때의 사람들처럼
오늘날도 반드시 누군가에게 전해야 할 말들이 있다.
전하지 않으면 안 되는 말들,
생명과 관계가 있기에
꼭 전해주어야만 하는 중요한 말들이 있다.
지금 내가 죽음을 눈앞에 두고 있는데

마지막으로 세상을 향해 꼭 전해야 할 말이 있다면

무슨 말이겠는가?

사랑하는 사람들을 향해 잘살아달라는 당부의 말이겠는가?

아니면 그동안 잘못 살아온 날들을 회상하며

참회의 눈물이라도 흘리겠는가?

누군가가 나의 말을 통해 새로운 희망을 얻고

삶에 중요한 전기를 마련한다면

이 보다 더한 기쁨이 어디 있겠는가?

혹 나를 통해 새로운 생명을 찾은 사람이 있는가?

당신은 이 세상 너머로 다음 세상이 있음을 알고 있는가?

그리고 그 새로운 세상을 향한 기대와 설렘을

경험한 적이 있는가?

지금 우리가 전해야 할 말이 바로 그 말이라면

그래도 느긋하게 세월만 보내시겠는가?

전도하고 하늘의 복을 누리라

예수께서 이 열둘을 내보내시며 명하여 이르시되 이방인의 길로도
가지 말고 사마리아인의 고을에도 들어가지 말고 오히려 이스라엘
집의 잃어버린 양에게로 가라 가면서 전파하여 말하되 천국이 가까
이 왔다 하고 병든 자를 고치며 죽은 자를 살리며 나병환자를 깨끗
하게 하며 귀신을 쫓아내되 너희가 거저 받았으니 거저 주라 너희
전대에 금이나 은이나 동을 가지지 말고 여행을 위하여 배낭이나
두 벌 옷이나 신이나 지팡이를 가지지 말라 이는 일꾼이 자기의 먹
을 것 받는 것이 마땅함이라

(마태복음 10장 5-10절)

48

마당을 쓸려고 빗자루를 집어 들었는데

때마침 "마당 좀 쓸어라"는 어머님의 음성이 들리면

왜 그리 마당을 쓸기가 싫던지…

공부를 하려고 막 책상 앞에 앉았는데

"공부 좀 해라"고 하시는 어머님의 목소리가 들리는 순간

왜 그리 공부하기가 싫어졌었는지…

나 스스로 뭔가를 하려고 했던 계획이

마치 어머님의 강요에 의해 된 것처럼 느껴졌기에

그게 싫었다는 얘기다.

그런데 당연히 해야 할 공부를 했는데도

부모님으로부터 칭찬을 듣거나 선물을 받았을 땐

공부를 더하고 싶어 안달이 나기도 했었다.

그렇다.

당연한 일을 했는데도 상이 주어진다면

이 얼마나 좋고 신나는 일인가?

그런데 이 세상에는 그런 일이 별로 없다.

있다면 다들 계산된 칭찬이요 상급일 뿐이다.

그런데 진짜 할일을 했을 뿐인데도

감당할 수 없을 만큼의 상급이 주어진다면 어찌하겠는가?

세상을 만드신 분께서 당신의 뜻을 세상에 전하라고 하신다.

그리고 그 일은 구원받은 자라면 누구나 마땅히 행할 일이다.

그런데 하나님께서는 전도자를 향하여

"일꾼이 저 먹을 것 받는 것이 마땅함이니라"고 하신다.

당연한 일을 했음에도 하늘의 보상이 있음을 귀띔해 주시는 것이다.

우리에게 주신 건강과 재능과 시간과 물질로

구원받아야 할 영혼을 돌아봄이

하늘의 상을 준비하는 가장 귀한 몸짓이 아니겠는가?

당연한 일을 명하시고도 결코 상급을 잃지 않으시는

우리의 구원자 앞에서

지금 나는 어떻게 반응하고 싶은가?

하늘의 상급은 눈앞에 있는데

우리의 시선은 어디를 향하고 있는가?

이 땅에 살면서도

하늘의 복을 쌓을 수 있는 길이 눈앞에 있는데…

네 신을 벗으라

하나님이 이르시되 이리로 가까이 오지 말라 네가 선 곳은 거룩한 땅이니 네 발에서 신을 벗으라

(출애굽기 3장 1-12절)

어릴 적엔 검정고무신을 많이 신었었다.

발에 땀이 나면 벗어지기도 하지만

등하굣길에 유일한 장난감이 고무신이었다.

반을 접어 비행기를 만들기도 하고,

접힌 채로 개울에 던지면 배가 되기도 했고,

코스모스 위에 붙어 있는 꿀벌들을 사정없이 낚아채서

뱅뱅 돌리다가 땅바닥에 내리치면

고무신 속에 갇힌 벌이 기절하기도 한다.

달음질을 할 땐 자주 벗겨지기 때문에

아예 벗어서 손에 들고 뛰기도 했다.

이처럼 고무신은 내 어린 시절의 한 부분을 차지했던

소중한 추억을 지니고 있다.

이스라엘 백성들은 고무신이 아닌 샌들을 신었다.

종아리에 칭칭 감아 벗어지지 못하게 하고

거친 광야를 걷고 뛰면서 발을 보호하였다.

그런데 야훼 하나님께서는 떨기나무 불꽃 가운데서

모세에게 나타나셔서 신을 벗으라고 하신다.

감히 한 마디 대꾸도 하지 못한 채 모세는 하나님 앞에서 신을

벗었다.

지금 모세가 신고 있는 신은 죄로 물든 것이었다.

그는 동족을 죽이고

미디안 광야로 피신하여 은둔하는 중이었다.

따라서 그 살인자의 신을 벗어야만 했던 것이다.

결국 이 말씀은 죄를 벗으라는 것이다.

어쩌면 이 신발은 모세가 애굽에서 도망할 때

가지고 온 유일한 것일 수도 있다.

그러나 하나님께서는 바로 그것을 벗으라고 하신다.

자신이 가진 것을 의지하지 말라는 것이다.

모세가 가진 애굽의 발달된 모든 지식과 무예가

하나님 앞에서는 한낱 지푸라기 같은 것이었다.

신을 벗으라는 말씀은 결국은 새 신을 신으라는 말씀이다.

지금까지 내가 의지하고 내가 자랑하던 것이 아닌

하나님께서 주시는 새로운 것을 신어야 한다는 것이다.

그렇다면 지금 내가 모세처럼 벗어버려야 하는 신이 무엇인지

를 생각하라.

그 신을 벗어야만

하나님께서 주시는 새 신을 신을 수 있을 것이다.

회복의 은총으로 나아오라

주 여호와의 영이 내게 내리셨으니 이는 여호와께서 내게 기름을 부으사 가난한 자에게 아름다운 소식을 전하게 하려 하심이라 나를 보내사 마음이 상한 자를 고치며 포로된 자에게 자유를, 갇힌 자에게 놓임을 선포하며

여호와의 은혜의 해와 우리 하나님의 보복의 날을 선포하여 모든 슬픈 자를 위로하되

무릇 시온에서 슬퍼하는 자에게 화관을 주어 그 재를 대신하며 기쁨의 기름으로 그 슬픔을 대신하며 찬송의 옷으로 그 근심을 대신하시고 그들이 의의 나무 곧 여호와께서 심으신 그 영광을 나타낼 자라 일컬음을 받게 하려 하심이라

(이사야 61장 1-9절)

이 땅에 발을 디디고 살아가는 모든 사람들에게

한결같은 공통점이 있다면

너나 할 것 없이 모두 다 수없이 많은 상처를

가슴에 안고서 살아간다는 것이다.

겉으론 행복해 보일지 몰라도

마음은 깊은 상처와 아픔으로 멍들어 있고,

겉으론 웃고 있을지라도

마음은 주체할 수 없는 눈물과 한숨으로

울고 있는 사람들이 넘쳐나고 있다는 것이다.

실패와 욕심으로 인한 상처들,

미움과 원망으로 인한 상처들,

열등감과 불신으로 인한 상처들 속에서

어둡고 굴절된 삶을 살아가는 사람들이 세상엔 너무도 많다.

그 속에 무슨 행복이 있으며,

무슨 만족이 있으며

무슨 감동이 묻어나겠는가?

다만 더 이상의 아픔이나 고통이 없기를 바라면서

조심스럽게 살아가는 것이 우리네 인생이다.

그런데도 사람들은 자신의 약점이나

열등감을 드러내지 않고 위장한 채 살아간다.

그래서 현실을 도피하여 살기도 하고

자신에게 상처를 준 대상을 찾아 복수를 하기도 한다.

그러나 이는 상처의 치유가 아니라 더 큰 상처를 불러오며

여전히 남아 있는 마음의 상처로 인해 사람을 더욱 괴롭게 한다.

치유되지 않고 남아 있는 상처는

언젠가는 곪거나 터지기 마련이다.

그러므로 모든 상처는 깨끗이 치료하는 것이 마땅하다.

그런데 문제는 이러한 마음의 상처를

어떻게 치료하며 누가 치료해 줄 수 있는가?

성경은 상한 인생,

상한 마음을 치료해 주실 분은

이 세상에 오직 한 분,

예수 그리스도뿐이라고 가르쳐 주신다.

예수께서는

가난한 자,

마음이 상한 자,

포로 된 자,

갇힌 자에게 관심을 가지시며

모든 상처를 다 감싸 안아주시는 치유자이시다.

절망하며 낙심하며 좌절하며

슬픔이 가득한 채로 살아가는 사람들을

구원해 주시는 구원자이시다.

그 분은 진정한 우리의 메시아이신 것이다.

2

믿음과 감사

하나님을 만나고 싶은 마음

여호와께서 모세에게 이르시되 네가 말하는 이 일도 내가 하리니 너는 내 목전에 은총을 입었고 내가 이름으로도 너를 앎이니라
모세가 이르되 원하건대 주의 영광을 내게 보이소서
여호와께서 이르시되 내가 내 모든 선한 것을 네 앞으로 지나가게 하고 여호와의 이름을 네 앞에 선포하리라 나는 은혜 베풀 자에게 은혜를 베풀고 긍휼히 여길 자에게 긍휼을 베푸느니라
또 이르시되 네가 내 얼굴을 보지 못하리니 나를 보고 살 자가 없음 이니라
여호와께서 또 이르시기를 보라 내 곁에 한 장소가 있으니 너는 그 반석 위에 서라
내 영광이 지나갈 때에 내가 너를 반석 틈에 두고 내가 지나도록 내 손으로 너를 덮었다가
손을 거두리니 네가 내 등을 볼 것이요 얼굴은 보지 못하리라

(출애굽기 33장 17-23절)

사람마다 꿈이 있다.

그리고 그 꿈을 이루기 위해 힘들어도 괴로워도 참고 살아간다.

그런데 누구나 다 자신의 꿈을 이루는 것은 아니다.

경우에 따라서는 이루어 질 수 없는 꿈들이 있기 때문이다.

이를 테면 사랑하는 연인을 향해

"당신이 원한다면 하늘의 별이라도 따다 드리겠습니다."

라는 약속은 이루어 질 수 없는 일임을 우리가 잘 안다.

하늘의 별을 따 올 수도 없거니와

혹 따온다고 해도 보관할 만한 장소도 없다.

이러한 무모한 꿈들은 한낱 말장난에 불과한 것이다.

그런데 이루어질 수 없음을 알면서도

계속해서 꿈을 버리지 않는 사람들도 있다.

이스라엘의 출애굽 지도자 모세가 그런 사람이었다.

그는 자기가 믿고 섬기는 신의 얼굴을 보고 싶었다.

그래서 얼굴을 보여주시기를 구한다.

이는 이루어져서도 안 되고, 이루어 질 수도 없는 꿈이었다.

그런데도 모세는 신의 얼굴을 보기를 구한다.

이는 단순한 인간의 욕망을 넘어선 모세의 간절한 신앙이었다.

신의 얼굴을 구하는 신앙!

이것이 어쩌면 우리의 마음일지도 모른다.

눈에 보이지 않는 막연함을 떠나

구체적이고 확실한 증거를 구하는 인간들의 마음인 것이다.

그러나 보지 않고 믿는 믿음이

우리가 믿는 신께서 원하시는 믿음임을 알아야 한다.

얼굴을 보여주지 않으시겠다는 신과

기어이 보여 달라는 모세의 요구 앞에서

신은 자신의 얼굴을 보는 자는 죽는다는 사실을 말씀해 주셨다.

그러나 야훼께서는 자신의 얼굴을

인간에게 보여주시기로 이미 작정하셨다.

그리고 친히 이 땅에 사람으로 오셨다.

그래서 예수께서는 모세와 같은 요구를 하고 있는

빌립에게 이렇게 말씀하신다.

"나를 본 자는 아버지를 보았거늘

어찌하여 아버지를 보이라 하느냐?" (요 14:9)

자신과의 싸움에서 승리하라

내가 이르노니 너희는 성령을 따라 행하라 그리하면 육체의 욕심을 이루지 아니하리라

육체의 소욕은 성령을 거스르고 성령은 육체를 거스르나니 이 둘이 서로 대적함으로 너희가 원하는 것을 하지 못하게 하려 함이니라

너희가 만일 성령의 인도하시는 바가 되면 율법 아래에 있지 아니하리라

육체의 일은 분명하니 곧 음행과 더러운 것과 호색과 우상 숭배와 주술과 원수 맺는 것과 분쟁과 시기와 분냄과 당 짓는 것과 분열함과 이단과 투기와 술 취함과 방탕함과 또 그와 같은 것들이라 전에 너희에게 경계한 것 같이 경계하노니 이런 일을 하는 자들은 하나님의 나라를 유업으로 받지 못할 것이요 오직 성령의 열매는 사랑과 희락과 화평과 오래 참음과 자비와 양선과 충성과 온유와 절제니 이같은 것을 금지할 법이 없느니라

(갈라디아서 5장 16-26절)

싸움 중에 가장 치열하고 힘들며

가장 승산 없는 싸움이 자신과의 싸움일 것이다.

왜냐하면 사람들은 자신에 대해서는

항상 관대하며 지나칠 정도로 너그럽기 때문이다.

마음으로는 수없이 다짐하고 또 다짐을 하면서도

실제로는 전혀 마음먹은 행동이 나타나지 않는다.

그래도 자신에 대해서는 다음에 잘하면 되지? 라는

특유의 관대함이 작용한다.

그래서 그 싸움에 패했음에도 불구하고

전혀 자신이 패자라는 사실조차

인식(認識)하지 못하는 것이 인생이다.

이처럼 사람들이 자신과의 싸움에서 패하게 되는

가장 근본적인 이유는

무한대의 욕심이 인간의 자유를 제한하기 때문이다.

그러므로 욕심을 다스릴 수 있다면

자신과의 싸움에서 승리할 수 있을 것이다.

본능과 욕심은 구분하여 다스릴 수 있어야 한다.

사람이 본능에 치우칠 때 지극히 위험할 수 있으며

욕심에 치우치면 추해 보일 수 있다.

그러므로 욕심과 본능을 잘 억제하는 것이

자신과의 싸움에서 승리할 수 있는 길이다.

사람마다 얼마간의 욕심은 있기 마련이다.

그리고 그 욕심이 다 나쁜 것만은 아니다.

욕심을 조절하고 적당히 응용할 때 성공할 수 있기 때문이다.

이를 테면 사람에게 물욕이 없다면 산업이 발달하지 못하고,

명예욕이 없다면 훌륭한 인재로 성장할 수가 없다.

식욕이 없다면 사람들은 활기찬 생활을 할 수 없다.

그러므로 본능을 무조건 무시하거나 죄악시 한다면

그 또한 자신과의 싸움에서 승리할 수 없게 될 것이다.

지나치게 한쪽으로 치우치는 극단을 버리고

자신을 다스릴 수 있다면

그는 자신과의 싸움을 승리로 이끈 영광의 사람이 될 것이다.

문제는 자신의 소욕을 다스릴 수 있는 유일한 길이

성령을 따라 사는 것임을 알아야 한다는 것이다.

하나님을 아는 자,
하나님을 사랑하는 자

하나님이 이르시되 그가 나를 사랑한즉 내가 그를 건지리라 그가
내 이름을 안즉
내가 그를 높이리라 그가 내게 간구하리니 내가 그에게 응답하리라
그들이 환난 당할 때에 내가 그와 함께하여 그를 건지고 영화롭게
하리라 내가 그를 장수하게 함으로 그를 만족하게 하며 나의 구원
을 그에게 보이리라 하시도다

(시편 91편 14-16절)

누군가를 안다고 하는 것은 그만큼 가깝다는 말일 것이다.

또한 누군가를 안다고 하는 것은

그 사람과의 관계가 그만큼 깊다는 의미일 것이다.

그런 의미에서 우린 많은 사람을 알고 지내며

또 많은 사람을 알기 원한다.

그러나 내가 누군가를 안다고 하는 것이

그 사람의 전부를 안다는 말은 아니다.

그냥 나의 입장에서 적당히 안다는 것이다.

그러나 내가 정말 알고 싶어 하는 사람이라면

절대로 적당히 알고 넘어가진 않을 것이다.

어떻게 해서라도 더 많이 알고 싶어 하고

아는 만큼 관심을 가지게 된다.

그것이 이성이라면 더욱 그럴 것이다.

성경은 하나님에 대해서 말씀하고 있다.

그러나 사람들은 하나님에 대해 알기를 원치 않는다.

다만 급할 때 그분의 이름을 부를 뿐이다.

그러면서도 수많은 사람들이

하나님을 안다고 스스로 믿고 있다.

그러나 하나님을 안다고 하는 것은

사람이 사람을 아는 것과 같은 것이 아니다.

하나님을 안다고 하는 것은 그 분을 경험했다는 뜻이다.

삶 가운데서 그 분을 경험하고,

인생의 모든 여정에서 그 분을 경험하고,

내 인생의 진정한 주인이 그 분이심을 인정하는 것이

그 분을 진정으로 아는 것이라고 할 수 있다.

마치 시각 장애인이 아름다운 꽃을 볼 수 없고,

청각 장애인이 아름다운 음악을 감상할 수 없는 것처럼

믿음 없는 가슴으로는 하나님을 알 수 없다는 것을 알아야 한다.

하나님을 안다는 것은 그 분에 대한 체험이며

그 분의 능력이 나에게 미치고 있다는 고백이다.

하나님을 안다는 것은 그분에 대한 믿음의 고백이요

그 분을 향한 신뢰이다.

그런데 문제는 내가 나를 아는 것보다

그 분이 나를 더 잘 아신다는 것이다.

나보다도 나를 더 잘 아시는 그 분이기에

그 분의 창조주 되심을 인정해야 하지 않을까?

승리의 깃발을 높이 들고

여호수아가 모세의 말대로 행하여 아말렉과 싸우고 모세와 아론과 훌은 산 꼭대기에 올라가서 모세가 손을 들면 이스라엘이 이기고 손을 내리면 아말렉이 이기더니 모세의 팔이 피곤하매 그들이 돌을 가져다가 모세의 아래에 놓아 그가 그 위에 앉게 하고 아론과 훌이 한 사람은 이쪽에서, 한 사람은 저쪽에서 모세의 손을 붙들어 올렸더니 그 손이 해가 지도록 내려오지 아니한지라 여호수아가 칼날로 아말렉과 그 백성을 쳐서 무찌르니라.

여호와께서 모세에게 이르시되 이것을 책에 기록하여 기념하게 하고 여호수아의 귀에 외워 들리라 내가 아말렉을 없이하여 천하에서 기억도 못 하게 하리라 모세가 제단을 쌓고 그 이름을 여호와 닛시라 하고 이르되 여호와께서 맹세하시기를 여호와가 아말렉과 더불어 대대로 싸우리라 하셨다 하였더라

(출애굽기 17장 8-16절)

청군 백군 편을 갈라 가을을 수놓던 운동회 날이 오면

운동장은 온통 이름조차 알 수 없는 나라들의 국기로

물결을 이룬다.

그리고 응원석엔 푸른 물결과 하얀 물결이 대조를 이룬다.

줄다리기 경기를 하는 시간엔

푸른 깃발과 하얀 깃발이 번갈아 올라가며

목이 터져라 "이겨라"를 외치던 기억이 새롭다.

운동회가 다 끝난 후엔 국기 게양대 앞에 모여

하늘 높이 휘날리는 태극기를 향해 만세삼창을 외치는 것으로

그 즐겁고 들뜬 분위기를 마감하였었다.

근자엔 월드컵이나 올림픽 같은 국제 경기가 있을 때면

온갖 추한 형상과 문양을 한 사람들이

온통 빨간색으로 TV를 가득 메운다.

그런데 그 붉은 사람들마다 손에 손에 태극기를 흔들고 있다.

우리 선수들이 이기기를 간절히 염원하는 뜻에서다.

그리고 우리 선수들이 이길 경우 언제 나타났는지

초대형 태극기가 나타나 응원석을 온통 휘감고 다닌다.

깃발은 이렇게 우리에게 시사하는 바가 크다고 하겠다.

이스라엘이라는 민족이 있었다.

이집트에서 430년 동안이나 종살이를 하던 그들은

조상 적부터 섬겨오던 신(神)의 도움으로

이집트를 탈출하는데 성공한다.

그런데 그 신(神)께서 준다고 약속하신

약속의 땅을 향해 가는 도중에

아말렉이라는 족속들의 공격을 받는다.

잘 무장되고 훈련된 아말렉 군대는

자꾸만 이스라엘의 전면이 아닌 후방을 공격해 괴롭힌다.

그러나 이번에도 이스라엘은

그들이 섬기는 신의 도움으로 아말렉을 물리치는데 성공한다.

신(神)께서는 이 역사적인 사건을 기록하여 기념하게 하셨고,

이스라엘의 지도자 모세는 그곳에 단을 쌓고

"여호와 닛시!"

즉 "여호와는 나의 깃발"이라고 했다.

그렇다.

여호와께서 나의 깃발이 되실 때

우리의 삶에도 기념할 만한 승리가 주어질 것이다.

실로암으로 가자

내 눈이 어떻게 떠졌느냐 대답하되 예수라 하는 그 사람이 진흙을
이겨 내 눈에 바르고 나더러 실로암에 가서 씻으라 하기에 가서 씻
었더니 보게 되었노라 그들이 이르되 그가 어디 있느냐 이르되 알
지 못하노라 하니라

(요한복음 9장 1-12절)

실로암은 예루살렘 남쪽에 있는 연못으로

대략 길이 19M 넓이 6M 정도 되는 인공 연못이다.

주전 8C말 유다 히스기야 왕 때

앗수르의 공격을 대비해서 만든 연못이었다.

즉, 실로암은 자연적으로 생겨난 연못이 아니라

적군의 침략에 대비해서 미리 만든 인공적인 연못인 것이다.

그래서 그런지 실로암은 그 비중이 항상 높은 장소였다.

예수께서는 눈을 뜨기 원하는 한 소경을

바로 그 실로암으로 보내셨다.

특별한 부탁이나 당부의 말씀도 없으셨다.

그냥 실로암으로 가서 씻으면 되는 것이었다.

그런데 놀라운 것은

예수님의 말씀대로 실로암 연못에 가서 눈을 씻은 소경이

눈을 떴다는 사실이다.

어떻게 이런 일이 있을 수 있겠는가?

실로암 연못물이 무슨 대단한 능력이 있거나

신비로운 연못 물이었기 때문이 아니다.

소경이 눈을 뜨게 된 가장 중요한 능력은

바로 주님의 말씀에 순종한 그 소경의 순종에 있었다.

예수께서 가라고 하시면 가고,

씻으라 하시면 씻고,

얼굴을 보이라 하시면 보여드리면 되는 것이다.

그것이 우리가 할 수 있는 최선의 방법인 것이다.

지금도 주님께서는 우리에게 계속해서 명령하신다.

"하나님을 사랑하라.

네 이웃을 네 몸과 같이 사랑하라.

늘 깨어 기도하라.

천국에 소망을 두라…"

그런데도 우리는 수없이 하나님의 말씀을 거역하면서

내 방법대로 세상을 향해 멋진 도전장을 낸다.

그리고 돌아서서 후회하고 가슴을 친다.

왜냐하면 우리의 힘으로는 세상을 이길 수가 없다는 사실을

비로소 알았기 때문이다.

우리의 이러한 불신앙의 눈을 해결 받을 수 있는 길은

실로암 연못으로 가서 불신앙의 눈을 씻어버리는 것뿐이다.

그래서 우린 실로암으로 가야 하는 것이다.

거긴 세상의 영광이 아닌

주님께 순종하는 절대적인 믿음만 있기 때문이다.

나는 천국에 들어 갈 수 있는가?

달린 행악자 중 하나는 비방하여 이르되 네가 그리스도가 아니냐 너와 우리를 구원하라 하되 하나는 그 사람을 꾸짖어 이르되 네가 동일한 정죄를 받고서도 하나님을 두려워하지 아니하느냐 우리는 우리가 행한 일에 상당한 보응을 받는 것이니 이에 당연하거니와 이 사람이 행한 것은 옳지 않은 것이 없느니라 하고 이르되 예수여 당신의 나라에 임하실 때에 나를 기억하소서 하니 예수께서 이르시되 내가 진실로 네게 이르노니 오늘 네가 나와 함께 낙원에 있으리라 하시니라

(누가복음 23장 39-43절)

73

사람들이 이구동성 외치는 유명 관광지에 가면

이름에 걸맞은 아름다움이 있다.

보는 이로 하여금 감탄을 연발하게 하며

과연 유명한 이유가 있음을 보게 된다.

그런데 아무리 아름다운 관광지라 할지라도

다시 찾고 싶은 곳이 있고

다시는 오고 싶지 않은 곳이 있다.

이유야 다양하겠지만 그 아름다움 이면에

감동이 있을 때 다시 찾게 되며

단순한 아름다움으로 그칠 때

일회성 관광지로 남게 되는 것 같다.

그런데 세상 그 어떤 아름다움으로도 비교할 수 없고,

세상 그 어떤 이름으로도 견줄 수 없는 곳이 있다.

사람들은 이곳을 낙원 즉, 천국이라고 부른다.

낙원은 누구도 가 본 적이 없기 때문에

그 아름다움을 사람이 다 말할 수 없지만

결코 막연한 아름다움이 아닌 실제적인 아름다움이 존재하는

곳이다.

그런데 문제는 누가 그 천국에 들어 갈 수 있으며,

어떻게 그곳을 갈 수 있느냐? 하는 것이다.

그리고 다른 사람들이 갈 수 있다면

나는 과연 들어갈 수 있는가? 하는 것이다.

근자엔 우리나라에서 누가 가장 먼저 우주인이 되는가?

라는 문제로 세인의 관심이 모아지고 있다.

우주를 여행한다는 것은 쉬운 일도 아니거니와

그 기회를 잡는 것 또한 만만한 일이 아니다.

건강, 물질, 우주여행 기회 등이

다 맞아야 만 가능한 일이기 때문이다.

그러나 이보다 아름답고 행복한 일이 천국에 들어가는 일이다.

우주여행은 많은 여행경비가 소요되지만

천국은 들어가는 그 자체로 그 나라 백성이 되기 때문에

물질도 건강도 다 불필요한 것이다.

다만 그 나라의 주인이신

그 분의 허락이 있을 때 가능한 것이다.

그리고 천국 비자를 발급받을 수 있는 유일한 수단은 믿음이다.

3 0 0 명 의 용 사 처 럼

기드온이 이스라엘 모든 백성을 각각 그의 장막으로 돌려보내고 그
삼백 명은 머물게 하니라 미디안 진영은 그 아래 골짜기 가운데에
있었더라

(사사기 7장 1-8절)

어떤 일에 있어서 내 생각이나 의도와는

전혀 다른 결과를 맞을 때가 있다.

그것도 나의 예상을 훨씬 뛰어 넘는 좋은 결과를 가져왔을 때

자세한 내막을 모르는 사람들이 이를 칭찬하며 축하할 때가 가

장 멋적다.

이스라엘에 전쟁이 일어났다.

적국은 강한 군대를 가진 미디안이라고 하는 나라였다.

그러나 이스라엘에는 군대가 없었다.

그래서 나라를 지키겠노라고 분연히 일어선 사람이

기드온이라고 하는 용감한 청년이었다.

기드온은 군대를 모집했다.

그리고 그 군대에 동참하겠다고 나선 사람이 3만 2천명이었다.

그들은 특수부대에 지원한 사람들이 아니라

그냥 평범하게 입대한 사람들이었다.

그런데 이스라엘의 신 야훼께서는

그 군대 중에서 사실은 특수부대원을 선발하고 계셨다.

그리고 특수부대원의 선발이라는 것이

아주 간단하고 평범한 것이었다.

물을 마시게 하고 그 물을 마시는 자세를 통해

전쟁에 나갈 군사를 선발하는 것이다.

물론 두려움에 가득 찬 사람들은

선발대상에서조차 제외되고 있었다.

특별한 목적을 가지고 입대한 것도 아니요

전쟁에 있어 탁월한 식견을 가진 사람들도 없었다.

거기다가 군사가 한 사람이라도 더 필요한 상황에서

십만이 넘는 미디안 대군을 상대할 군대를

고작 300명으로 제한하였다.

그런데 그들은 정말 미디안 대군을 전멸시켰다.

무기라고는 나팔과 횃불과 빈항아리뿐인 전쟁이었다.

그것이 하나님의 방법인 것이다.

지금 우리가 사는 세상은 전쟁터를 방불케 한다.

원수 마귀는 오늘도 삼킬 자를 찾아 두루 다니고 있기 때문이다.

그리고 오늘날도 하나님께서는

기드온의 300용사처럼 복음을 위해 싸워줄 용사를 찾고 계신다.

그런데 그 용사는 특별한 과정을 통해 모집하시는 것이 아니라

평소 우리의 삶을 보고 뽑으신다는 것이다.

고통의 의미를 아십니까?

모세가 홍해에서 이스라엘을 인도하매 그들이 나와서 수르 광야로
들어가서 거기서 사흘길을 걸었으나 물을 얻지 못하고
마라에 이르렀더니 그 곳 물이 써서 마시지 못하겠으므로 그 이름
을 마라라 하였더라
백성이 모세에게 원망하여 이르되 우리가 무엇을 마실까 하매
모세가 여호와께 부르짖었더니 여호와께서 그에게 한 나무를 가리
키시니 그가 물에 던지니 물이 달게 되었더라 거기서 여호와께서
그들을 위하여 법도와 율례를 정하시고 그들을 시험하실새
이르시되 너희가 너희 하나님 나 여호와의 말을 들어 순종하고 내
가 보기에 의를 행하며 내 계명에 귀를 기울이며 내 모든 규례를 지
키면 내가 애굽 사람에게 내린 모든 질병 중 하나도 너희에게 내리
지 아니하리니 나는 너희를 치료하는 여호와임이라
그들이 엘림에 이르니 거기에 물 샘 열둘과 종려나무 일흔 그루가
있는지라 거기서 그들이 그 물 곁에 장막을 치니라

(출애굽기 15장 22-27절)

사는 게 뭔지도 모르면서

그냥 열심히 살면 되는 줄 알고 사는 사람들이 참 많다.

그들 속에서 문득 문득 사는 게 힘들게 느껴질 때가 있다.

내가 이리 힘들 때 다른 사람들이라고 도리 있겠냐 싶어

용기를 내지만 힘든 건 힘든 거다.

언제부턴가 어깨가 많이 아파

움직이는 게 부자연스럽게 느껴진다.

별거 아닌 줄 알았는데 갈수록 아프다.

할일은 많고 시간은 쫓기는데 몸이 아프다니 이 무슨 사치스런 일인가?

아직 아플 만한 여유도 없는데 말이다.

병원에 갔더니 교통사고 후유증이 지금 나타나는 거란다.

뾰족한 처방도 없이 기다려보자는 이야기가 의사가 해준 진료의 전부다.

그날따라 병원진료비가 왜 그리 아깝게 느껴지는지…

몸이 아픈 거야 치료 받으면서 시간이 지나면 해결될 일이지만

정작 큰일은 인생에 고통이 찾아왔을 때이다.

어느 한 순간 나도 모르게 찾아온

인생의 불청객인 고통과 괴로움은

우리 인생을 얼마나 힘들고 아프게 하는지 모른다.

그런데 그 모든 고통에는 의미가 있다.

아무런 의미 없는 고통은 없다는 말이다.

그러므로 고통의 의미를 아는 사람은

더 나은 인생을 설계할 수 있고

더 풍성한 인생을 살아갈 수가 있다.

이스라엘 백성들이 홍해를 건너 광야에 들어와

사흘 길을 걸어갔을 때 마라에 도착했다.

그런데 마라의 물은 써서 마실 수가 없었다.

광야에서의 목마름은 살인적인 것이다.

사흘을 걸어왔으니 목마름은 당연한 것이다.

그리고 그들의 불평도 충분히 이해가 간다.

그런데 그들이 모르는 게 있었다.

앞으로 11Km 만 더 가면

그곳엔 물샘 열둘이 있고 종려나무 70주가 있는

엘림이라는 오아시스가 기다리고 있었다는 사실이었다.

고통의 의미를 안다면

그 고통 너머에 준비된 엘림과 같은 기쁨도 바라볼 수 있어야
한다.

늙어도
늙지 않는 믿음

오늘 내가 팔십오 세로되 모세가 나를 보내던 날과 같이 오늘도 내
가 여전히 강건하니 내 힘이 그 때나 지금이나 같아서 싸움에나 출
입에 감당할 수 있으니 그 날에 여호와께서 말씀하신 이 산지를 지
금 내게 주소서 당신도 그 날에 들으셨거니와 그 곳에는 아낙 사람
이 있고 그 성읍들은 크고 견고할지라도 여호와께서 나와 함께 하
시면 내가 여호와께서 말씀하신 대로 그들을 쫓아내리이다 하니

(여호수아 14장 6-12절)

초등학교를 졸업하면서

6년을 고물고물 함께 지냈던 친구들과 헤어지기가 아쉬워

손가락 걸면서 했던 약속이 있었다.

10년 후 이 자리에서 다시 만나자는 약속이었다.

그리고 40년이 지나버린 지금까지

난 그 자리에 가지 않았다.

다들 안 나올거라 믿고 나도 안 나간 것이다.

그런데 정말 그 약속을 믿고

약속 장소에 나온 친구가 있었을까?

헤어질 때의 아쉬움보다

새로운 세계에 적응하면서 살아야 하는 것이

살면서 배운 진리였다.

그러나 아직도 그 약속이

내 가슴에 남아 있는 것은 무슨 연유일까?

그리고 지금은 얼굴 윤곽조차 가물거리는

그 친구들이 보고 싶은 것은 무슨 이유일까?

히브리민족이라는 소수 민족이

한때는 세계 최강이었던 이집트에서

노예로 지내던 시절이 있었다.

그들은 노예생활을 청산하고

자신들이 섬기는 야훼라고 하는 신을 따라

그들의 나라를 세우기 위해 애굽에서의 탈출을 감행했었다.

그때 그들의 지도자는 모세였다.

모세는 그들의 신 야훼께서 약속하신

가나안 땅을 목전에 둔 가데스바네아 라고 하는 곳에서

그 땅을 정탐할 정탐꾼을 보냈다.

그 중에 여호수아와 갈렙이라는 청년이 있었다.

지도자 모세는 임무수행을 훌륭하게 했던 갈렙에게

"네가 나의 하나님 여호와를 온전히 좇았은즉

네 발로 밟는 땅은

영영히 너와 네 자손의 기업이 되리라"(수 14:9)고 말씀하셨다.

모세의 약속은 곧 하나님의 약속이었다.

그 후 45년이 흘렀지만 갈렙은 그 약속을 믿었고

모세의 뒤를 이어 민족의 지도자가 된 여호수아 대장군은

모세가 갈렙에게 했던 약속을 이행하였다.

몸은 늙었어도 하나님의 약속을 향한

갈렙의 믿음은 전혀 변하지 않았던 것이다.

우리는 지난날 하나님께서 주셨던 약속을

변함없이 지금까지 붙들고 있는가?

변함없는 믿음이 있을 때 변함없는 축복이 있는 것이다.

선택과 포기

천국은 마치 밭에 감추인 보화와 같으니
사람이 이를 발견한 후 숨겨두고 기뻐하며
돌아가서 자기의 소유를 다 팔아 그 밭을 사느니라

(마태복음 13장 44절)

어떤 사람이 밭을 갈다가 보물단지를 발견하였다.

그는 아무도 몰래

그 보물을 밭에 다시 묻어 두고 돌아와서

새로운 것을 소유하기 위해

이미 소유했던 것들을 포기하지 않으면

안 되기 때문이었다.

어떤 선택은 그 사람의 인생을

황홀하게 바꾸어 놓을 수도 있고

또 어떤 선택은 그 사람의 인생을

완전히 망가뜨릴 수도 있다.

선택은 그만큼 중요한 것이다.

그 밭을 사기 위해 자신이 가진 모든 소유를 다 팔았다.

그러나 중요한 것은 새로운 선택을 위해

그 무엇인가를 포기해야만 한다는 것이다.

아무것도 포기하지 않으면서

새로운 선택을 할 수가 없기 때문이다.

선택은 반드시 그 무엇인가의 포기를 수반한다.

그런데 이것도 포기하기 싫고 저것은 소유하고 싶다면

그건 가장 어리석은 선택이 될 것이다.

보화를 발견한 농부는 그 보화를 소유하기 위해

지금까지 소중히 여기던 것들을 포기해야만 했다.

포기해야만 새로운 것을 얻을 수 있기 때문이었다.

그리고 농부의 선택은 최상의 것이었다.

그는 새로운 선택을 위해 최상의 포기를 선택했던 것이다.

밭을 갈다가 보물을 발견한 것보다 더 중요한 것은

그 보물을 차지하기 위해 무엇을 버릴 수 있는가 하는 것이다.

성공은 그냥 주어지는 것이 아니다.

그 성공을 위해

방해가 되는 것들은 반드시 정리해야만 한다.

방해물을 제거하지 않으면서

어찌 성공을 기대할 수 있겠는가?

따라서 선택과 포기는 별개의 것이 결코 아닌 것이다.

그렇다면 지금 내가 바라는 이상을 위해 무엇을 포기하겠는가?

포기해야만 얻을 수 있다면

무엇을 포기하고 무엇을 얻으려 하는가?

선택은 매우 중요한 것이다.

왜냐하면 포기하는 것도 선택이요

새로움을 추구하는 것도 선택이기 때문이다.

하나님의 나라와 주의 영광을 위해서

지금 나는 무엇을 포기하고 무엇을 선택해야 하겠는가?

비행기를 타고 하늘을 날면서

축복의 씨앗을 심으라

스스로 속이지 말라 하나님은
업신 여김을 받지 아니하시나니 사람이
무엇으로 심든지 그대로 거두리라

(갈라디아서 6장 7절)

그 안에서 밥도 먹고 음료수도 마시며

영화도 보고 뉴스도 듣는 이 기가 막힌 문명의 혜택 앞에서

지나간 열 왕들이 부럽지 않았다.

우리나라 조선 왕조 그 어느 왕이

하늘을 날면서 밥을 먹어보았으며,

고려시대 그 어떤 세도가가

하늘을 날면서 영화를 본다는 걸 꿈에나 생각해 보았겠는가?

문명은 우리에게 엄청난 편리함과

놀라운 일들을 경험하게 해 주었다.

이건 가히 대단한 일들이다.

그러나 현실이 아무리 초 문명시대라 할지라도

변함없는 창조주의 법칙은 심어야 거둘 수 있다는 것이다.

심고 거두는 이 진리는 아무리 문명이 발달한다 해도

결코 변치 않을 진리 중의 진리이다.

계절이 한여름인데도

한겨울에나 먹을 수 있는 과일들을 먹을 수 있고,

한겨울인데도 한여름에나 먹을 수 있는 과일들을

맘껏 먹는 시대이다.

그러나 변함없는 진리는 심어야만 거둘 수 있다는 것이다.

창조주께서 만드신 이 만고불변의 법칙은

이 세상 종말까지 변함없이 계속되어질 진리이다.

이러한 진리는 자연뿐만 아니라

우리 인생에게도 적용되는 진리이다.

대부분의 사람들은 복을 기대하면서도 씨앗을 심지 않는다.

심지 않고서 어떻게 열매를 기대할 수 있겠는가?

그러므로 우리 인생이 열매를 기대하기 위해서는

창조주의 뜻에 순종하는 순종의 씨앗을 심어야 한다.

육신적인 욕심이나 정욕이나 물질이나

세상의 쾌락을 따라 살지 말고 창조주의 뜻에 순종하며 살자.

그러면 그 분이 주시는 축복의 열매가 삶 가운데 맺힐 것이다.

그리고 그 분을 향한 헌신의 씨앗과 물질의 씨앗도 심어야 한다.

거기에 인생을 향한 축복의 원리가 있기 때문이다.

창조주께서는 우리가 심은 씨앗이 잘 자라서

반드시 열매 맺게 해 주실 것이다.

허상을 버리고 실상을 좇은 여인

그 후에 예수께서 나인이란 성으로 가실 새 제자와 많은 무리가 동행하더니 성문에 가까이 이르실 때에 사람들이 한 죽은 자를 메고 나오니 이는 한 어머니의 독자요 그의 어머니는 과부라 그 성의 많은 사람도 그와 함께 나오거늘 주께서 과부를 보시고 불쌍히 여기사 울지 말라 하시고

가까이 가서 그 관에 손을 대시니 멘 자들이 서는지라 예수께서 이르시되 청년아 내가 네게 말하노니 일어나라 하시매 죽었던 자가 일어나 앉고 말도 하거늘 예수께서 그를 어머니에게 주시니 모든 사람이 두려워하며 하나님께 영광을 돌려 이르되 큰 선지자가 우리 가운데 일어나셨다 하고 또 하나님께서 자기 백성을 돌보셨다 하더라 예수께 대한 이 소문이 온 유대와 사방에 두루 퍼지니라

(누가복음 7장 11-17절)

91

〈진품명품〉이라는 TV 프로그램을 보면
사람들이 자기가 소장한 물건들이 진품인지 아닌지를
확인하기 위해 줄줄이 등장하는 것을 본다.
어떤 물건은 생각보다 훨씬 좋은 물건이라는 감정가를 받고
기뻐하며 돌아가는 사람도 있고,
명품인 줄만 알고 조상 적부터 보물처럼 지켜온 물건들이
흔히 구할 수 있는 물건이라거나
진품이 아니라는 감정가를 받았을 때
허탈해서 돌아서는 사람들도 있다.
내가 소장한 물건들이
명품이기를 바라는 마음이 누구에겐 없겠는가?
그러나 명품인 줄만 알았던 물건이
짝퉁이라는 사실이 밝혀졌을 때의 심정을
어찌 말로 표현하겠는가?
나인성에 한 과부가 있었다.
남편이 남겨준 것이라고는 달랑 아들 하나뿐이었다.
그 아들이 이 여인에겐 보물이었고
희망이었고 삶의 목적이었고 전부였다.
그런데 그 아들이 죽었다.
하늘이 무너지고 모든 소망이 사라졌다.
다시 살아야 할 삶의 의미도 목적도 상실하였다.

그 와중에도 시간은 지나고 있었고

이 땅의 모든 소망을 다 쏟아 부었던 아들은

한 마디 말도 없이 무덤을 향해 성을 나오고 있었다.

바로 그때 여인은 성 안으로 들어오시던 예수님과 만났다.

자칫 스쳐지나갈 수 있었던 위기의 순간에

여인은 주님의 음성을 듣게 된다.

이 세상에서 수없이 많은 눈물과 고통 속에서도

아들 하나 믿고 살아왔던 여인에게

소망도 삶의 의미도 모두 가지고 떠나버린 아들이 아니라

지금까지 그녀가 알지 못하던 새로운 소망!

참 진리의 소망이신 주님을 만나게 된 것이다.

주님을 만난 여인은 이전의 소망이 회복된다.

아들이 살아난 것이다.

그러나 이제 이 여인의 소망은 아들이 아니라

예수 그리스도였다.

이 땅에서 스러져갈 허상을 좇던 삶에서 벗어나

참 진리를 좇아가는 삶으로 바뀌는 순간이었다.

복음의 동역자가 됩시다

내가 겐그레아 교회의 일꾼으로 있는 우리 자매 뵈뵈를 너희에게 추천하노니 너희는 주 안에서 성도들의 합당한 예절로 그를 영접하고 무엇이든지 그에게 소용되는 바를 도와 줄지니 이는 그가 여러 사람과 나의 보호자가 되었음이라 너희는 그리스도 예수 안에서 나의 동역자들인 브리스가와 아굴라에게 문안하라

그들은 내 목숨을 위하여 자기들의 목까지도 내놓았나니 나뿐 아니라 이방인의 모든 교회도 그들에게 감사하느니라

또 저의 집에 있는 교회에도 문안하라 내가 사랑하는 에배네도에게 문안하라 그는 아시아에서 그리스도께 처음 맺은 열매니라

너희를 위하여 많이 수고한 마리아에게 문안하라

내 친척이요 나와 함께 갇혔던 안드로니고와 유니아에게 문안하라 그들은 사도들에게 존중히 여겨지고 또한 나보다 먼저 그리스도 안에 있는 자라

(로마서 16장 1-7절)

세상은 혼자서 살아갈 수 없도록 설계된 공간이다.

오늘의 내가 존재하는 것은

수많은 사람들의 사랑과 배려와 관심이 있었기 때문이며

좋은 환경과 문화적인 혜택도 간과할 수 없는 요소들이다.

밀레는 그의 친구 루소가 300프랑이나 되는 큰돈으로

그의 그림을 사 준 배려와 후원으로

어려운 시절을 이겨낼 수 있었다고 한다.

오늘날 기독교에서 예수님 다음으로 위대한 인물을 꼽으라면

사도 바울을 들 수 있다.

그러나 바울이 그 엄청나고 위대한 일을

혼자서 해 낸 것이 아니었다.

그의 곁에서 항상 그림자처럼 동행하면서 동역해 주는

위대한 동역자들이 있었기 때문에 가능했던 것이다.

바울의 보호자 역할을 했던 위대한 동역자 뵈뵈가 있었다.

그리고 바울이 가는 곳마다 동행하면서 동역했던

아굴라와 브리스길라 부부도 있었다.

고린도에서 복음을 전하던 바울은

이들 부부의 집에서 일 년 반 동안을 머물렀다.

누가 선교사에게

자기 집을 일 년 반이나 제공해 줄 수 있겠는가?

어쩌다 식사 한 번 대접하고

양복 한 벌 해 입히고

여비 한 번 줄 수는 있을 것이다.

그러나 일 년 반이라는 긴 세월을

내 집에 머무시도록 하는 일은 쉬운 일이 아니다.

거기다가 바울에게는 충성된 사람 에배네도가 있었다.

그는 아시아에서 처음 익은 열매라고 했다.

첫 열매가 중요한 이유는 오랜 세월을 함께했기 때문이다.

오랫동안 마음을 나눈 사람은

우리의 삶 가운데 매우 중요한 사람이다.

세상에는 두 종류의 성도가 있다.

어떤 이는 다른 사람을 위해 간절히 기도한다.

그러나 어떤 이는 다른 성도로 하여금 기도하게 한다.

이 시대에도 복음을 위해 주님과 동역할 성도가 필요하다.

목숨까지라도 주님을 위해 내 놓을 수 있고

생사를 함께할 성도가 필요한 시대이다.

참 믿음과 거짓 믿음

베드로가 이르되 네가 하나님의 선물을 돈 주고 살 줄로 생각하였
으니 네 은과 네가 함께 망할지어다 하나님 앞에서 네 마음이 바르
지 못하니 이 도에는 네가 관계도 없고 분깃 될 것도 없느니라 그러
므로 너의 이 악함을 회개하고 주께 기도하라 혹 마음에 품은 것을
사하여 주시리라 내가 보니 너는 악독이 가득하며 불의에 매인 바
되었도다 시몬이 대답하여 이르되 나를 위하여 주께 기도하여 말한
것이 하나도 내게 임하지 않게 하소서 하니라

(사도행전 8장 9-24절)

길을 가다가 너무 예쁜 보석을 팔고 있는 곳에서

멈춰 선 일이 있다.

저렇게 예쁘고 귀한 보석을 이렇게 길에서 판다는 게 신기했다.

그런데 이미테이션(imtation jewel)이란다.

모조품, 즉 진짜처럼 모방해서 만든 가짜라는 것이다.

하긴 위조지폐를 만들고 위조 여권을 만드는 사람들이

뭘 못 만들겠는가?

암튼 진짜와 가짜를 구분하기가 참 어려운 시대이다.

누군가 가짜라고 말해주지 않는다면

언제까지나 가짜를 진짜로 여기고 살아갈 판이다.

그런데 이러한 모방은 보석에만 국한 된 것이 아니다.

믿음도 마찬가지다.

모방된 믿음, 즉 가짜들이 있다는 것이다.

기독교를 모방한 유사종교인 사이비 종파들이 있는가 하면

기독교의 탈을 쓰고 나타난 이단종파들도 있다.

그런데 이들이 기독교보다 더 기독교인 것처럼 날뛰고 있다는

것이다.

그러므로 참 믿음과 거짓 믿음을 구분해 내는 것은 매우 중요한

일이다.

참 믿음은 하나님의 영광을 위해 존재하지만

거짓 믿음은 자기 자신의 영광을 위해 존재한다.

그리고 가장 중요한 것은

그 열매로 구분을 할 수가 있다는 것이다.

언뜻 보기엔 모든 나무가 다 똑같아 보일지라도

좋은 나무가 좋은 열매를 맺고

나쁜 나무는 나쁜 열매를 맺는 법이다.

그러므로 어떤 열매를 맺고 있느냐에 따라

그 사람의 믿음을 평가할 수 있다.

지금 나에게 맺혀지고 있는 열매가

좋은 열매라면 다행이거니와

지금 내가 맺고 있는 열매가

하나님과 전혀 관계없는 열매들이라면

그 열매가 아무리 크고 아름다운 것이라 해도

내 믿음은 거짓이라는 것을 인정해야 한다.

진심으로 자신의 삶을 돌아보라.

그리고 지금까지 내가 맺은 열매들을 돌아보라.

발자욱 발자욱마다 주님이 흘리신 보혈의 흔적이 있다면

내 믿음은 참 믿음이라고 할 수 있을 것이다.

기 도 하 면 됩 니 다

내가 또 너희에게 이르노니 구하라 그러면 너희에게 주실 것이요
찾으라 그러면 찾아낼 것이요 문을 두드리라 그러면 너희에게 열릴
것이니 구하는 이마다 받을 것이요 찾는 이는 찾아낼 것이요 두드
리는 이에게는 열릴 것이니라 너희 중에 아버지 된 자로서 누가 아
들이 생선을 달라 하는데 생선 대신에 뱀을 주며 알을 달라 하는데
전갈을 주겠느냐 너희가 악할지라도 좋은 것을 자식에게 줄 줄 알
거든 하물며 너희 하늘 아버지께서 구하는 자에게 성령을 주시지
않겠느냐 하시니라

(누가복음 11장 9-13절)

아주 쉬운 문제를 가지고

너무 어렵게 풀어가는 사람들이 있다.

예를 들면 우산을 들고 나갈 것인지

우산을 두고 나갈 것인지를 몹시 고민하며

현관 앞을 서성이는 사람들이 있다.

점심을 먹어야 하는데

어떤 음식을 먹을 것인가를 두고 고민하는 사람들이 있다.

생각하기에 따라 어려울 수도 있겠지만

너무 쉽게 풀 수 있는 문제인 것만은 사실이다.

우산은 비를 맞고 싶으면 두고 가고

비 맞는 게 싫으면 가지고 가면 된다.

그리고 점심은 평소에 먹던 것을 먹으면 전혀 무리가 없다.

지나치게 맛을 따지고 종류를 따지기에 선택이 어려운 것이다.

새로운 맛을 원하면 다른 걸 먹고

무난한 게 좋으면 평소에 먹던 걸 먹으면 되는 것이다.

인생의 문제도 마찬가지이다.

살다보면 전혀 예상치 않은 문제 앞에서

고민하며 인생을 낭비하는 사람들이 있다.

아주 쉬운 방법이 있는데도 말이다.

인생이 살아가면서 부딪치는 문제가 어디 한두 가지랴!

사는 족족 문제이고 자고나면 문제 앞에 서게 된다.

이것이 인생이다.

나만 당하는 고통인 양 유난을 떨면서 동네방네 소문 다 내고도

수습이 안 되서 쩔쩔 매는 사람들이 있다.

그러나 분명히 알아야 할 인생의 속 깊은 이야기를 하나 하겠다.

우리의 고통이

어떤 사람에게는 즐거움이 될 수도 있다는 것이다.

우리의 고통을 바라보면서

어찌 처신하나 구경하는 사람들도 있음을

알아야 한다는 것이다.

이렇듯 고통하며 신음하며 살아가는 이 땅의 모든 인생들에게

고통과 괴로움을 그칠 수 있는 유일한 처방이 있음을

성경은 가르쳐 주고 있다.

그게 바로 "기도"이다.

기도는 나 혼자서 읊조리는 독백이 아니다.

살아계시며 우리의 기도를 들어주시는 분 앞에

내 삶의 문제를 내어 놓고

상담을 받고 처방을 받는 행동인 것이다.

감사로 드리는 제사

감사로 제사를 드리는 자가 나를 영화롭게 하나니
그의 행위를 옳게 하는 자에게
내가 하나님의 구원을 보이리라

(시편 50편 23절)

감사란 은혜를 입은 사람이

은혜 베푼 사람에게 표현할 수 있는

가장 기본적인 인사라고 할 수 있다.

그리고 그 인사는 당연한 것이다.

신앙의 자유를 찾아 고향도 고국도 다 버리고

신천지를 찾아 나섰던 청교도들은

신대륙에 도착하여 꿈 같은 삶을 살았던 것이 아니다.

1620년 12월 21일

미국 동부 플리머스에 도착한 그들은

나무를 베어 예배당을 짓고 농토를 개간하여 농사를 지었다.

그러나 그들은 추위와 풍토병과 인디언들의 습격으로

그해 44명이 죽었다.

그러나 거기서 그치지 않았다.

그들에게는 원인 모를 질병이 찾아왔다.

다들 배가 아픈 것이다.

그래서 그들은 금식하며 하나님의 은혜를 구했다.

이처럼 누가 아플 때마다 함께 금식하며 어려움을 이겨나갔다.

이번에도 그들은 또다시 금식을 선포했다.

그러자 누군가가 이렇게 말했다.

"우리는 여러번 금식하며 기도했습니다.

이제 금식 대신 감사를 드립시다.

신앙의 자유를 주신 것을 감사하고,

여기까지 오게 하심도 감사하고,

이렇게 넓은 땅을 주신 것도 감사하고,

지금까지 살아 있음도 감사하고…"

그 말에 모두가 동의했다.

그리고 그들은 배 아픈 사람을 위해 금식하는 대신

감사의 제사를 드렸다.

그랬더니 신기하게 배 아픈 병이 나았다고 한다.

그런데 더 신기하게도 인디언들이 찾아와

농사짓는 방법을 알려주고 씨앗을 나눠주는 게 아닌가?

이것이 감사의 열매였던 것이다.

그해 가을, 풍성하지는 않았지만

그래도 겨울을 나기에는 넉넉한 양식을 얻게 된 그들은

그들을 도와준 인디언들과 이웃을 초대해서

성대한 감사의 잔치를 열었다.

이것이 추수감사절의 유래이다.

우리는 변함없이 추수감사주일을 맞는다.

지난 한해 우리에게 베푸신 하나님의 은혜가

어찌 손으로 헤아릴 만큼이겠는가?

주는 자가 받는 복

내가 아무의 은이나 금이나 의복을 탐하지 아니하였고 여러분이 아는 바와 같이 이 손으로 나와 내 동행들이 쓰는 것을 충당하여 범사에 여러분에게 모본을 보여준 바와 같이 수고하여 약한 사람들을 돕고 또 주 예수께서 친히 말씀하신 바 주는 것이 받는 것보다 복이 있다 하심을 기억하여야 할지니라

(사도행전 20장 33-35절)

내일 모래가 추석이여서인지

여기저기 선물꾸러미들이 오고가는 것을 본다.

드리는 입장에선 받으시는 분을 생각해서

기왕이면 좋은 것으로 드리고 싶고,

받는 입장에선 기억해 주는 것만으로도

얼마든지 고맙고 감사하다.

그래서 주는 사람도 받는 사람도

모두 즐겁고 행복한 분위기가 거리마다 넘쳐나고 있다.

땀 흘려 수고해서 번 돈을 아끼고 아꼈다가

누군가에게 마음이 담긴 선물을 정성껏 드리는 것은

정말 기쁘고 행복한 일이다.

이는 부동산 투기 등으로 어느 날 갑자기 졸부가 된 사람들이

기분풀이 삼아 내던지듯 던져주는 구제금과는

전혀 비교할 수 없이 귀한 것이다.

그런데 주는 사람과 받는 사람 중에서 누가 더 행복할까?

그리고 누가 더 복이 있는 사람일까?

주는 사람에겐 기쁨이 있다.

아무 조건 없이 누군가에게 줄 때

속에서부터 솟구쳐오는 기쁨을 경험하게 될 것이다.

그러나 받는 마음은 처음엔 기쁘다가도

나중엔 왠지 모를 부담이 생기기 마련이다.

그러므로 주는 자가 받는 자보다 더 복이 있다고 할 수 있다.

그러나 주는 삶을 살아갈 때 기억해야 할 일이 있다.

사람에게 보이려고 해서는 안 된다는 것이다.

사람을 의식할 때 낙심과 실망이 오기 쉽다.

그러므로 철저하게 그냥 주고 대가를 바라지 말라.

대가를 바라는 그 순간부터

더 이상 주는 자로서의 기쁨은 존재할 수 없게 되기 때문이다.

따라서 내가 행복하고 싶다면

먼저 남을 행복하게 해 주어야 한다.

누군가에게 내 것으로 주고 싶다면 전혀 계산하지 말고 주라.

그리고 후회하지도 말라.

또한 잘 받았는지 맘에 들어 하는지 확인하지도 말라.

그것이 주는 자가 받는 자보다 복이 있음을

증명하는 것이 될 것이다.

걷고 뛰며 찬송합시다

제 구 시 기도 시간에 베드로와 요한이 성전에 올라갈새 나면서 못
걷게 된 이를 사람들이 메고 오니 이는 성전에 들어가는 사람들에
게 구걸하기 위하여 날마다 미문이라는 성전 문에 두는 자라 그가
베드로와 요한이 성전에 들어가려 함을 보고 구걸하거늘 베드로가
요한과 더불어 주목하여 이르되 우리를 보라 하니 그가 그들에게
서 무엇을 얻을까 하여 바라보거늘 베드로가 이르되 은과 금은 내
게 없거니와 내게 있는 이것을 네게 주노니 나사렛 예수 그리스도
의 이름으로 일어나 걸으라 하고 오른손을 잡아 일으키니 발과 발
목이 곧 힘을 얻고 뛰어 서서 걸으며 그들과 함께 성전으로 들어가
면서 걷기도 하고 뛰기도 하며 하나님을 찬송하니 모든 백성이 그
걷는 것과 하나님을 찬송함을 보고 그가 본래 성전 미문에 앉아 구
걸하던 사람인 줄 알고 그에게 일어난 일로 인하여 심히 놀랍게 여
기며 놀라니라

(사도행전 3장 1-10절)

가을철 시골학교에선 운동회가 한창이다.

오색 깃발이 펄럭이고

그 위로 파란 하늘이 넓게 펼쳐져 있다.

오랜만에 마을 어른들도 어울려 한바탕 잔치를 벌이고

누렇게 익은 들녘에 웃음소리가 가득 찬다.

선생님의 총소리를 신호로 뛰고 걷고 뒹굴면서

먼지로 범벅이 된 아이들이 골인지점을 향해 들어올 때

모두가 환호하던 기억이 새롭다.

걷는다고 하는 것,

그리고 뛸 수 있다고 하는 것은

사람에게 주어진 가장 큰 행복 중에 하나일 것이다.

그런데 안타깝게도 우린 이 놀라운 행복을

대수롭지 않게 여기며 살아가고 있다.

걷고 싶어도 걸을 수 없었고

뛰고 싶어도 뛸 수 없는 몸으로 태어난 사람이 있었다.

그가 할 수 있는 일이라곤

지나가는 사람들에게 구걸을 하는 것뿐이었고

그나마도 누군가의 도움이 있어야만

길거리에 나올 수 있는 형편이었다.

이 사람에게 소원이 있다면

하루하루 굶지 않고 잘 사는 것이었다.

걷거나 뛴다는 것은 생각할 수도 없는 일이었다.

그날도 이 사람은 지나가는 낯선 사람에게 도움을 청하였다.

그들은 도움을 청하는 그 사람의 손을 잡아 일으켜주며

지금까지 앉아 있던 자리에서 일어나 걷게 해주었다.

아침에 눈을 떴을 때까지만 해도 상상조차 할 수 없는 일이었다.

그런데 이런 놀라운 일이 실제로 일어난 것이다.

여기에는 여러 가지 이유가 있겠으나

우선은 그가 앉아 있던 자리가

얼마나 중요했었는가 하는 것이다.

그가 성전이 아닌 다른 곳에 앉아 있었다면

결코 일어나 걸을 수는 없었을 것이다.

이 기뻐하는 사람을 보라.

좋아서 기뻐하며 집으로 돌아간 것이 아니라

걷기도 하며 뛰기도 하면서 하나님을 찬양했다고 했다.

이것이 감사하는 사람의 모습이다.

이젠 우리가 걷고 뛰어야 할 차례이다.

감사는 할수록 좋다

범사에 우리 주 예수 그리스도의 이름으로
항상 아버지 하나님께 감사하며
그리스도를 경외함으로 피차 복종하라

(에베소서 5장 20-21절)

너무들 바쁘게 살아간다.

그래서인지 한가한 사람들을 보면

한심해 보이고 할 일 없는 사람들처럼 보인다.

이렇게 너무들 바쁘다 보니

나에게 가장 소중한 사람들이 누구인지

가장 의미 있고 소중한 공간이 어디인지

관심조차 없이 그냥 바쁘게만 살고 있는 사람들이 아주 많다.

그래서 정작 가장 소중한 가족들에는

함부로 대하고 상처를 주고

가장 귀한 공간인 가정에서는 짜증내고 무례하게

행동하기가 일쑤다.

그러나 내가 왜 바빠야 하는지

내가 왜 열심히 살아가야 하는지에 대한

진정한 의미를 깨닫는다면

삶의 우선순위와 방식은 반드시 바뀌어야 한다.

내가 그토록 열심히 살아가는 것이

나의 소중한 사람들을 위한 것이며

내가 이토록 바쁘게 살아가는 것이 나의 소중한 가정을 지키고

사랑하는 가족의 행복을 위한 것이기 때문이다.

그러므로 내 삶의 의미가 무엇이며

내 삶의 행복이 무엇인지 정말 곰곰이 생각해 볼 일이다.

언제부턴가 사람들의 입에서 감사가 그쳤다.

작은 일에도 감사를 잃지 않고 산다면 얼마나 좋으랴만

놀랍게도 감사 대신 불평과 불만의 소리들이

높아져가는 세상이다.

이런 때 성경은 우리에게 "감사"를 요구하신다.

감사는 모든 불평과 불만을 잠재울 수 있는 유일한 수단이며,

사람이 가장 사람답게 살 수 있는 최상의 방법이다.

따라서 감사가 없는 사람일수록 스스로 불행한 사람이며

감사가 많은 사람일수록 삶이 행복한 사람이라고 할 수 있다.

뇌성마비 시인인 송명희는

〈나〉라고 하는 그의 시(詩)에서

"가진 재물도,

가진 지식도,

남에게 있는 건강도 없지만

남이 듣지 못한 음성을 듣고

남이 받지 못한 하나님의 사랑을 받은 것에 대해

하나님은 공평하신 하나님이라"고 노래하고 있다.

감사할수록 행복해 진다는 것을 느끼게 해주는 대목이다.

3

은
혜
과 사
랑

빈 그릇이 채워지는 복을 누리라

이르되 계집종의 집에 기름 한 그릇 외에는 아무것도 없나이다 하
니 이르되 너는 밖에 나가서 모든 이웃에게 그릇을 빌리라 빈 그릇
을 빌리되 조금 빌리지 말고 너는 네 두 아들과 함께 들어가서 문을
닫고 그 모든 그릇에 기름을 부어서 차는 대로 옮겨 놓으라 하니라
여인이 물러가서 그의 두 아들과 함께 문을 닫은 후에 그들은 그릇
을 그에게로 가져오고 그는 부었더니 그릇에 다 찬지라 여인이 아
들에게 이르되 또 그릇을 내게로 가져오라 하니 아들이 이르되 다
른 그릇이 없나이다 하니 기름이 곧 그쳤더라
그 여인이 하나님의 사람에게 나아가서 말하니 그가 이르되 너는
가서 기름을 팔아 빚을 갚고 남은 것으로 너와 네 두 아들이 생활하
라 하였더라

(열왕기하 4장 1-7절)

언젠간 잘 살아보겠다는 소박한 꿈을 안고

먹는 것도 마시는 것도 대충 때우며 모으고 모았던 재산이

전혀 예상치 않은 일로 다 사라졌을 때,

눈에 그리던 집도,

꿈에 부풀었던 마음의 여유도 동시에 무너지는 것을 본다.

신(神)의 뜻을 이 땅에 이루는 일에 헌신하려고

선지학교에 입학했던 선지생도와

그를 믿고 따르며 말없이 그의 길을 함께 걸어가던 가족들에게

이 사람의 죽음은 곧 가족 모두의 인생에

종말을 알리는 절망의 소식이었다.

감당키 어려운 엄청난 부채와

전혀 앞이 보이지 않는 안타까운 현실 속에서

지금부터 경험하게 될 빚쟁이들의 성화를 생각하면

사는 게 사는 게 아니었다.

생각다 못한 여인이

눈앞에 닥친 고통과 괴로움을 알리고

도움을 요청하려고 찾은 분은

남편의 옛날 선생님이었다.

그래도 이 분만은 내 남편의 성실함과 우리의 절박함을 알고

도울 수 있으리라는 막연한 기대가

여인의 발걸음을 선생님에게 향하게 했다.

그리고 그 결과는 엄청난 것이었다.

"내가 너를 위하여 어떻게 하랴?"는 엘리사 선생님의 말씀은

꺼져가는 한 여인의 인생을 소생시키기에 충분한 말씀이었다.

그리고 "너는 밖에 나가서 모든 이웃에게 그릇을 빌라"는

말씀은

가난과 절망에 지친 여인을 새로운 인생으로 인도하는

결정적인 선언이었다.

"계집종의 집에 한 병 기름 외에는 아무것도 없나이다"라는

절망의 신음이 잠시 후에 펼쳐질

부요와 기쁨의 서곡이었음을 누가 알았으랴!

우리 민족이 계수하는 날로는 오늘이 새해 첫 날이다.

손에 아무것도 가진 게 없고,

그동안 이루어 놓은 세상적인 배경이나 지위가 없다 할지라도

"내가 너를 위하여 어떻게 하랴?"는

주님의 음성을 들을 수만 있다면

금년 한해 빈 그릇이 채워지는

하나님의 은총을 기대해도 좋을 듯싶다.

왜냐하면 그 분의 말씀은 생명이기에…

나중 온 품꾼처럼

나중 온 이 사람에게 너와 같이 주는 것이 내 뜻이니라 내 것을 가지고 내 뜻대로 할 것이 아니냐 내가 선하므로 네가 악하게 보느냐 이와 같이 나중 된 자로서 먼저 되고 먼저 된 자로서 나중 되리라

(마태복음 20장 1-16절)

너무너무 급한 일이 생겨

누군가의 도움을 간절히 필요로 하는 때가 있다.

그런데 그 누구도 돌아보지 않고 외면해 버린다면

그때의 절망감은 두고두고 가슴에 사무칠 것이다.

기다림에 지쳐 이젠 도움의 손길마저 포기한 채

하늘만 바라보는 긴급한 상황인데

바로 그때 전혀 예상치 않은 도움을 받게 되면

도와주신 그 분을 어찌 잊을 수 있으랴!

가족이 굶주리고 있었다.

그래서 나가 한 푼이라도 벌어야만

방구석에 쭈그리고 앉아

휑한 눈으로 기다리고 있을 가족을 먹일 수가 있다.

그런데 일거리를 주고 돈을 주는 사람이 있어야 하지 않는가?

인력시장에서 건장한 사람들은 다들 잘도 불려 가는데

가뜩이나 굶은 데다 말라비틀어진

비루먹은 망아지 꼴을 하고 있는 사람이야

누가 거들떠보는 사람이 있겠는가?

이젠 다 포기하고 집에 돌아갈 생각을 하는데

난데없이 나타나

그 늦은 시간에 일을 해달라고 하는 분이 있어 눈물나게 고맙다.

단 한 시간일지라도

불러서 일을 시켜주는 분이 너무나 감사하다.

당장 오늘 일한 품삯을 받기보다는

내일이라도 불러서 일을 시켜주셨으면

하는 마음으로 열심히 일했다.

아침부터 들어와 일한 사람들은 집에 갈 채비를 서두르는데

다 늦은 시간에 불려왔으니

주인이 그만하라고 말할 때까진 쉴 틈도 없다.

먼저 온 품꾼들은 삯을 받기 위해 줄을 서는데

나중 온 이 사람은 아직도 일만 하고 있다.

그런데 주인은 그를 먼저 불러

하루 온 종일 일한 만큼의 품삯을 주신다.

이런 감사할 데가…

일을 시켜주신 것만으로도 얼마든지 감사한데

품삯까지 후하게 셈해 주시다니…

나중 온 품꾼처럼 살고 싶다.

나를 불러 주신 그 분 앞에서…

당신은 사랑받기 위해
태어난 사람

찬송하리로다 하나님 곧 우리 주 예수 그리스도의 아버지께서 그리
스도 안에서 하늘에 속한 모든 신령한 복을 우리에게 주시되 곧 창
세 전에 그리스도 안에서 우리를 택하사 우리로 사랑 안에서 그 앞
에 거룩하고 흠이 없게 하시려고 그 기쁘신 뜻대로 우리를 예정하사
예수 그리스도로 말미암아 자기의 아들들이 되게 하셨으니 이는 그
가 사랑하시는 자 안에서 우리에게 거저 주시는 바 그의 은혜의 영
광을 찬송하게 하려는 것이라

(에베소서 1장 3-6절)

"어버이 왜 나를 낳으셨나요?"라며 절규하던

어떤 실패자의 눈물을 본 적이 있다.

그러나 그의 외침은 허공을 치는

메아리마저 돌아올 수 없는 공허한 부르짖음이었다.

왜냐하면 이 세상 대부분의 부모님들이

원해서 자녀를 낳는다기보다는

살다보니 생긴 경우가 많기 때문이다.

또한 이 세상을 두 발로 서서 활보하는 사람들치고

자기가 원해서 이 땅에 태어난 사람은 아무도 없다.

자신도 모르는 사이에 태어났고,

또 전혀 원하지 않았음에도 이 땅에 존재하고 있는 것이다.

그러나 설사 그렇다손 치더라도

단 한번 사는 인생인데

기왕이면 행복하게 살아야 하지 않겠는가?

그래서 우리 주변에 더불어 살아가는 모든 이들에게

"왜 태어났니? 왜 사니?" 라는 독한 말들보다는

"당신은 사랑받기 위해 태어난 분입니다"

라고 말해 줄 수 있어야 한다.

그것이 이 세상을 더불어 살아가는 우리의 이웃에 대한 예의요

삶의 지혜인 것이다.

당신은 사랑받기 위해 태어난 사람

당신의 삶 속에서 그 사랑 받고 있지요

당신은 사랑받기 위해 태어난 사람

당신의 삶 속에서 그 사랑 받고 있지요

태초부터 시작된 하나님의 사랑이

우리의 만남을 통해 열매를 맺고

당신이 이 세상에 존재함으로 인해

우리에겐 얼마나 큰 기쁨이 되는지…

당신은 사랑받기 위해 태어난 사람

당신의 삶 속에서 그 사랑 받고 있지요

얼마나 아름답고 마음 따듯한 행복을 주는 노래인가?

당신의 삶에 행복이 느껴진다면

이제 다른 사람을 향해 눈을 돌리라.

그리고 곁에 있었는지조차 기억이 희미한 사랑하는

이들을 향해 말하라.

"당신은 사랑받기 위해 태어난 사람입니다."

세상에서 가장 아름다운 것

아직도 거리가 먼데 아버지가 그를 보고 측은히 여겨 달려가 목을 안고 입을 맞추니 아들이 이르되 아버지 내가 하늘과 아버지께 죄를 지었사오니 지금부터는 아버지의 아들이라 일컬음을 감당하지 못하겠나이다 하나 아버지는 종들에게 이르되 제일 좋은 옷을 내어다가 입히고 손에 가락지를 끼우고 발에 신을 신기라 그리고 살진 송아지를 끌어다가 잡으라 우리가 먹고 즐기자 이 내 아들은 죽었다가 다시 살아났으며 내가 잃었다가 다시 얻었노라 하니 그들이 즐거워하더라

(누가복음 15장 11-24절)

세상에 존재하는 것 중에서 가장 아름다운 것을 그리기 위해

세상을 돌아다니다가,

만족할 수 없어 낙심하고 집에 돌아온 어떤 화가가

엄마 품에 안겨 잠든 사랑하는 딸의 모습을 보고

세상에서 가장 아름다운 모습이

바로 자기의 가정이라는 것을 깨닫고

"엄마 품에 누워 잠든 딸"의 모습을 그려서

"세상에서 가장 아름다운 것"이라는 제목을 붙였다는

가슴 뭉클하게 아름다운 이야기를 읽어 본 적이 있다.

그러면 사람에게 있어 가장 아름다운 것은 무엇일까?

그리고 사람을 가장 행복하게 해 주는 것은 무엇일까?

아버지의 재산을 가지고 집을 나간 아들이

그 모든 재산을 다 탕진하고서 힘없이 집으로 되돌아올 때

그 모습을 먼발치에서 바라본 아버지가

달려가 아들의 목을 끌어안고 입을 맞추며

살아 돌아온 아들을 기뻐하던 아버지의 모습 속에서

우린 세상에서 가장 아름다운

한 폭의 그림을 보는 것만 같은 느낌을 맛본다.

이러한 아름다움은 사람의 마음속에 진한 감동을 준다.

그렇다면 이 세상에서 당신이 생각하는

가장 아름다운 것은 무엇인가?

돌아온 아들을 받아들이는 아버지의 모습 속에서

우린 아버지의 용서를 본다.

그렇다.

세상에서 가장 아름다운 것은 다른 사람을 용서하는 것이다.

나에게 가장 큰 상처를 준 사람!

죽어서 눈을 감기 전까지는 결코 용서할 수 없는 사람!

잊고 지내다가도 생각만 하면 화가 치밀어 오르는 사람!

지금 그 사람을 용서하면 어떨까?

내가 그를 용서하는 모습이

세상에서 가장 아름다운 모습이라면

그보다 나를 용서하신 그분께서

내가 누군가를 용서하기를 원하신다면

그래도 마음 문을 꽁꽁 닫고 있겠는가?

내가 약해졌을 때

여러 계시를 받은 것이 지극히 크므로 너무 자만하지 않게 하시려고 내 육체에 가시 곧 사탄의 사자를 주셨으니 이는 나를 쳐서 너무 자만하지 않게 하려 하심이라 이것이 내게서 떠나가게 하기 위하여 내가 세 번 주께 간구하였더니 나에게 이르시기를 내 은혜가 네게 족하도다 이는 내 능력이 약한 데서 온전하여짐이라 하신지라 그러므로 도리어 크게 기뻐함으로 나의 여러 약한 것들에 대하여 자랑하리니 이는 그리스도의 능력이 내게 머물게 하려 함이라 그러므로 내가 그리스도를 위하여 약한 것들과 능욕과 궁핍과 박해와 곤고를 기뻐하노니 이는 내가 약한 그 때에 강함이라

(고린도후서 12장 7-10절)

세상은 강한 사람을 원한다.

그래서인지 강한 사람만 살아남는다.

이것은 사람이 살아가는데 있어

가장 기본적이고 본능적인 것이다.

동물은 어떤 경우에도 약한 것을

살려두거나 불쌍히 여기지 않는다.

약한 것은 그냥 죽어갈 뿐이다.

그러나 유독 사람만은 약한 사람을 불쌍히 여기고 보호하려 든다.

이것이 동물과 사람이 다른 점이다.

그런데도 살아남는 건 강자이다.

남보다 강하고 싶은데 어디 그게 맘대로 되는 일인가?

결코 쉽지 않은 일이다.

그래서 사람들은 절망한다.

내가 다른 사람보다 약하다는 것에 절망하고,

강한 자가 나를 인정해 주지 않는 것에 절망한다.

그리고 나의 이 약한 모습으로

세상을 살아가야 하는 것에 절망한다.

사람들은 언제 가장 약해지는가?

당연히 경제적으로 어려울 때다.

돈이 없으면 더 이상 사람으로서의

가치나 존엄성을 논할 필요가 없다.

돈 없는 사람 곁에는 아무도 다가서지 않기 때문이다.

그래서 돈이 없는 사람은 더욱 위축된다.

평소에 당당하게 내뱉던 말 한마디도

슬슬 눈치를 보면서 겨우 내뱉어야만 한다.

지금 약하다는 것이다.

그리고 병들 때에 약해진다.

그건 돈이 없을 때보다 더 비참한 일이다.

뿐만 아니다. 사람들은 실패했을 때 약해진다.

조롱하는 사람들의 눈빛이 따가워

차마 세상을 볼 수 없기 때문이다.

그런데 성경은 이러한 세상적인 법칙과는 전혀 다른 말을 한다.

"내가 약할 그때에 곧 강함이니라."

이 무슨 말도 안 되는 말인가?

그리고 무엇이 약함을 강하게 만든다고 하는가?

성경은 그것을 "하나님의 은혜"라고 말한다.

나는 한없이 약한데

그때 하나님의 은혜는

가장 강하게 나타나기 때문이라는 것이다.

그렇다면 우리 그리스도인에게 있어

오늘의 약함은 내일의 강함을 예고한다 해도

틀린 말은 아닐 것이다.

예루살렘을 향해 출발하며

정말 애타게 그리워했던 땅이었다.

주님께서 밟으신 그 땅을 나도 밟고 싶어

오랫동안 마음으로만 흠모해 오던 땅이었다.

세상을 만드시고 친히 다스리시던 하나님의 땅을

눈으로 보고 손으로 만져보면서

그 분의 사랑을 느끼고 싶어

속으로만 흠모하던 땅이었다.

주님께서 바라보시며 눈물을 흘리시던 도성!

자신들을 구원하러 오신 하나님을 십자가에 못 박아 버린

오만하고 저주받은 도성!

그 문제의 도성을 내 눈으로 한번 보고 싶었다.

결코 잘 될 수 없는 땅!

좀처럼 회복이 불가능한 그 땅을 바라보며

예수님의 심장으로 한번 뜨겁게 울어보고 싶었다.

하나님을 버리고도 그 땅에서 뻔뻔스럽게 살아가고 있는

그 얼굴 두꺼운 사람들은 도대체 어떻게 생겼는지 꼭 한번 보고

싶었다.

푸석거리는 먼지 사이로 2천년의 세월이 흐르고

만감이 교차하는 그 땅을 발로 밟았다.

2천 년 전 주님의 마음이 지금처럼 아프셨을까?

멸망을 목전에 두고서도 태평스럽게 살아가던 저들을 바라보며,

기어이 눈물을 흘리시고야 마셨던 주님의 마음은,

사막에서 불어오는 그 뜨거운 동풍에 말라버린 잎사귀마냥

속까지 다 타들어 갔을 게다.

언제쯤이면 이 땅에 하나님이 원하시는 진정한 평화가 올 수 있을는지…

성령이 충만하여 예수를 증거하던 그 거리엔

녹슨 포와 장갑차로 에워싸여 있고,

왕으로 입성하신 주님을 연호하던 함성 대신

거리마다 무슬림들의 코란 외우는 소리로 넘치고 있다.

이제 이 도성이 회복되어야 한다.

그래서 하나님의 자비와 긍휼이 날마다 나타나는 거리를 만들어야 한다.

무너지다 남은 성벽 하나에 설움 가득한 눈물을 쏟아내며

이스라엘의 회복을 기다리는 저 수많은 무리들에게

예수 그리스도의 은혜가 정말 간절히 필요하다는 생각을 해 본다.

피할 곳과 숨을 곳이
되시는 여호와

여호와께서 거하시는 온 시온 산과 모든 집회 위에 낮이면 구름과
연기, 밤이면 화염의 빛을 만드시고 그 모든 영광 위에 덮개를 두시
며 또 초막이 있어서 낮에는 더위를 피하는 그늘을 지으며 또 풍우
를 피하여 숨는 곳이 되리라

(이사야 4장 5-6절)

"엑소도스(Exodus)!"라는 말은

문자적으로는 집단 대이동을 말하며,

이스라엘의 이집트 탈출을 가리켜

"출애굽, 혹은 엑소도스"라고 한다.

오로지 신앙의 자유라는 하나의 목적을 위해

400년 이상 몸담고 살아오던 터전을 떠나

새로운 터전을 향해 출발하던 이스라엘의 모습 속에서

세상이 줄 수 없는 신선함을 본다.

그러나 세상 일이 어디 마음먹은 대로 되었던가?

이스라엘이 그랬다.

그들에겐 "젖과 꿀이 흐른다는 약속의 땅"이 가슴 속에 있었다.

그건 그들을 인도해 내신 "야훼"라고 하시는

신(神)과의 약속이었다.

그러나 약속은 약속일 뿐!

현실에서 그들은 전혀 낙원을 느끼지 못했다.

사막의 뜨거운 태양!

밤의 추위!

독충!

방향을 전혀 알 수 없는 상실감!

먹고 마실 물의 부족!

이방 족속들의 습격!

이러한 요소들이 약속의 땅을 향해 가는

사람들이 겪고 있는 현실이었다.

꿈은 꿈이었고 현실은 현실이었다.

도무지 생존이 불가능한 환경이었다.

그러나 이스라엘의 하나님 야훼께서는

그 백성들이 겪고 있는 암울한 현실에서

그들을 완벽하게 보호하셨다.

낮에는 구름기둥 밤에는 불기둥으로 지키셨고,

아침에는 만나를 저녁에는 메추라기를 주셔서 먹게 하셨고,

반석에서 샘이 솟게 하셨으며

전쟁에선 승리로 이끄셨다.

그래서 성경은 선지자 이사야의 입을 빌어

그 야훼 하나님이야말로

"낮에는 더위를 피하는 그늘을 지으시며

또 풍우를 피하여 숨는 곳이 되리라"고 하셨다.

광야의 이스라엘처럼 지금 내가 처한 환경이 어렵고 힘들다면

피할 곳과 숨을 곳이 되시는 그 분을 바라보는 것만으로도

문제를 해결할 수 있을 것이다.

그 분은 어느 때나 항상 우리 곁에 계시는

진정한 우리의 보호자이시기 때문이다.

만날 만한 때에
여호와를 만나려면

너희는 여호와를 만날 만한 때에 찾으라 가까이 계실 때에 그를 부르라 악인은 그의 길을, 불의한 자는 그의 생각을 버리고 여호와께로 돌아오라 그리하면 그가 긍휼히 여기시리라 우리 하나님께로 돌아오라 그가 너그럽게 용서하시리라

(이사야 55장 6-7절)

처음으로 맞선을 보던 날

찻잔을 든 손이 이유 없이 떨렸다.

상대가 무서운 것도 아니고 두려운 존재도 아니었는데

떨리는 손을 진정할 수 없어

시켜 놓은 커피를 끝내 못 마시고 말았다.

누군가를 만난다는 것은 우리의 일상이기도 하지만

특별한 만남은 시대를 초월해서 여전히 떨리는 일이다.

그리고 내가 만나야 할 상대에 따라

그 떨림의 정도는 다르게 나타나고 있다.

한때 이스라엘 최고의 선지자였다고

할 수 있는 이사야라고 하는 분은

"너희는 여호와를 만날 만한 때에 찾으라

가까이 계실 때에 그를 부르라"고 하셨다.

이스라엘이 섬기는 여호와라고 하는 신을

만날 만한 때가 있다는 것이다.

이스라엘 백성이라면 누구나가 만나기를 원하는 그 분을

만날 만한 때가 있다는 것이다.

그렇다면 여호와를 만날 만한 때가 도대체 언제이기에

그때에 찾으라는 것인가?

그리고 그 분을 만난다는 것이

나의 삶에 무슨 의미로 다가오는 것인가?

하나님을 만난다는 것은 상처에서 치료를 받는다는 것이며,

억압에서 자유를 찾는다는 것이며,

걱정과 근심에서 참된 안식과 평화를 얻는다는 것이다.

그래서 사람마다 여호와를 만나기를 원했고

오늘날도 여호와를 만나려는 수많은 마음들로

세상은 넘쳐나고 있다.

그러면 이사야 선지자가 말하고 싶었던

여호와를 만날 만한 때는 언제일까?

성경은 수없이 많은 메시지를 통해

그때가 바로 지금이라는 사실을 말해주고 있다.

그렇다. 우리가 여호와를 만날 만한 때는 바로 지금이며,

그 분이 가까이 계실 때는

우리가 고통과 괴로움 속에서 눈물을 흘리는

바로 그 때라는 사실이다.

이 놀라운 사실을 믿는다면

지금 곧 여호와의 이름을 불러보라.

그 분이 정말 우리 곁에 계심을 확인할 수 있을 것이다.

마리아의 노래

마리아가 이르되 내 영혼이 주를 찬양하며 내 마음이 하나님 내 구
주를 기뻐하였음은 그의 여종의 비천함을 돌보셨음이라 보라 이제
후로는 만세에 나를 복이 있다 일컬으리로다 능하신 이가 큰 일을
내게 행하셨으니 그 이름이 거룩하시며 긍휼하심이 두려워하는 자
에게 대대로 이르는도다 그의 팔로 힘을 보이사 마음의 생각이 교
만한 자들을 흩으셨고 권세 있는 자를 그 위에서 내리치셨으며 비
천한 자를 높이셨고 주리는 자를 좋은 것으로 배불리셨으며 부자는
빈 손으로 보내셨도다 그 종 이스라엘을 도우사 긍휼히 여기시고
기억하시되 우리 조상에게 말씀하신 것과 같이 아브라함과 그 자손
에게 영원히 하시리로다 하니라

(누가복음 1장 46-55절)

인생에게 노래가 없다면 얼마나 삭막할까?

노래는 기쁘고 슬프고 힘들고 어려운 인생의 모든 애환을

가락에 담아 쏟아내는 삶의 한 부분이다.

그래서 어떤 노래는 슬프고

어떤 노래는 즐겁고

또 어떤 노래는 우울하고 쓸쓸하게 느껴지는 것이다.

이처럼 노래는 우리네 인생이

자신의 삶을 표출하는 한 방법이기에

노래를 부르는 사람에 따라

자신의 인생이 다르게 나타나기도 한다.

그래서 굽이굽이 강물을 따라 흐르는 인생을 노래하는

강원도 아리랑은 슬프고도 한이 서렸으며,

일제의 강제 징용에서 해방되어 일본을 떠나

부산으로 향하는 귀국선에 배를 실은 사람들이 부르던

귀국선이라는 노래는 희망으로 가득 차고 넘친다.

그러므로 노래는 누가 부르느냐에 따라

다르게 느껴질 수도 있고

언제 부르느냐에 따라 다른 느낌을 줄 수도 있다.

따라서 이 땅에 인간이 존재하는 한

사람들의 노래는 계속되어질 것이고

부르는 노래 또한 더욱 다양해질 것이다.

그러나 노래라고 해서 다 좋은 것은 아니다.

어떤 노래는 인생을 타락과 방종으로 내몰기도 하고

어떤 노래는 사람에게 용기와 소망을 준다.

그런가 하면 한없는 기쁨을 주는 노래도 있고

정신을 온통 산만하게 하는 노래도 있다.

그런데 자신의 인생을 노래하는 노래 중에

잊지 못할 경험을 가장 아름다운 소리로 노래한 사람도 있다.

지금으로부터 약 2천 년 전!

유대 땅 나사렛이라는 마을에 살고 있던 마리아는

자신에게 임하신 신(神)의 사랑을

주체할 수 없는 벅찬 기쁨으로 노래하였다.

마리아가 노래한 것은 그 분의 긍휼이었다.

아무런 소망도 없이 살아가는 유대민족에게

메시아가 잉태되었다는 첫 번 성탄의 소식이었다.

그 소식은 곧 인류에게 주신 신(神)의 사랑이었다.

구주탄생은

이 시대에도 복음이다

마리아가 이르되 내 영혼이 주를 찬양하며 내 마음이 하나님 내 구주를 기뻐하였음은 그의 여종의 비천함을 돌보셨음이라 보라 이제후로는 만세에 나를 복이 있다 일컬으리로다 능하신 이가 큰일을 내게 행하셨으니 그 이름이 거룩하시며 궁휼하심이 두려워하는 자에게 대대로 이르는도다 그의 팔로 힘을 보이사 마음의 생각이 교만한 자들을 흩으셨고 권세 있는 자를 그 위에서 내리치셨으며 비천한 자를 높이셨고 주리는 자를 좋은 것으로 배불리셨으며 부자는 빈손으로 보내셨도다 그 종 이스라엘을 도우사 궁휼히 여기시고 기억하시되 우리 조상에게 말씀하신 것과 같이 아브라함과 그 자손에게 영원히 하시리로다 하니라 마리아가 석 달쯤 함께 있다가 집으로 돌아가니라

(누가복음 1장 46-56절)

인류 역사를 통틀어 인간이 자기 행복과 자기 인생을 위해

추구해온 세 가지가 있다면 지혜와 권력과 물질이었다.

이 세 가지는 인생에게 행복을 줄 수 있는 것이라고

사람들은 믿었다.

그래서 신기루 같은 이 세 가지를 찾아

인생은 생명을 건 모험을 지금도 계속하고 있다.

이들 중 하나라도 더 얻기 위해

사람들은 피나는 고통을 마다하지 않고 있는 것이다.

마치 그것이 인생의 전부이며

인생의 행복을 보장해 줄 수 있는

마술 상자 같은 것으로 여기고 있다는 말이다.

그러나 정말 사람들의 바람과 기대처럼

몇몇 지혜 있는 사람들만 행복을 누린다면

남보다 지혜롭지 못한 수많은 사람들은 어떻게 살아야 하는가?

만약 이 세상 권력을 다 가진 소수의 사람들만

행복할 수 있다면

권력과 무관하게 살아가는 다수는 어떻게 사는 것이 옳은가?

세상에 속한 모든 부(富)를 거머쥔

유능하고 잘난 사람들만 행복하게 살아야 한다면

어쩔 수 없이 가난하게 살아야 하는

절대 다수는 어찌해야 하는가?

그러나 이 세 가지를 통한 행복을

철저하게 부인하는 여인이 있다.

사람들이 마음의 생각을 통해서

무엇인가를 쟁취하고 소유하려는 그 끈질긴 노력을

신(神)께서 깨뜨리셨다고 주장하는 여인이 있다.

바로 첫 번 성탄절을 탄생시킨 마리아라는 유대 여인이었다.

마리아는 자신을 비천한 자라고 소개한다.

권력도 물질도 가지지 못한 평범한 시민이라는 말이다.

세상의 구주께서

천하의 권력을 다 가진 로마 황실이 아니라

비천한 자신의 몸을 통해 오셨다는 사실만으로도

권력이나 물질이 인간의 행복을 보장하는 것은 아니라는 것을

마리아는 증거한다.

그런데 아직도 이 세 가지를 탐하는 사람들이 있음은

성탄의 의미를 무색케 하는 일이다.

만왕의 왕이 오셨다

그 때에 가이사 아구스도가 영을 내려 천하로 다 호적하라 하였으니 이 호적은 구레뇨가 수리아 총독이 되었을 때에 처음 한 것이라 모든 사람이 호적하러 각각 고향으로 돌아가매 요셉도 다윗의 집 족속이므로 갈릴리 나사렛 동네에서 유대를 향하여 베들레헴이라 하는 다윗의 동네로 그 약혼한 마리아와 함께 호적하러 올라가니 마리아가 이미 잉태하였더라 거기 있을 그 때에 해산할 날이 차서 첫아들을 낳아 강보로 싸서 구유에 뉘었으니 이는 여관에 있을 곳이 없음이러라

(누가복음 2장 1-7절)

시집 간 고모님이 모처럼 친정에 오시면

보따리 보따리 싸들고 오신 물건을 열어 보이며

할머니 어머니 모두 둘러앉아

그간의 이야기로 밤을 새우시던 일이 생각난다.

아주 어릴 적 일이라서 잊어버린 줄 알았는데

아직도 나의 기억에 이토록 새로운 건

아마도 이야기 중간 중간에 내오신 간식 때문이었던 것 같다.

처음엔 이런저런 이야기가 오고가다가

끝내 온 가족들이 다 같이 눈물을 흘려야만

이야기가 끝이 난 걸로 봐서

그때의 시집살이는 무척이나 힘들었던 것 같다.

지금 와 생각하니

그 고되고 힘든 시집살이를 가족들은 다 공감하기에

말을 하다가 울고 울다가 또 이야기를 하면서

밤을 새운 것 같다.

결국 고모님이 우리 집에 오신 이유는

자신의 형편을 가족에게 알리고

함께 울어주는 가족들로 더불어

위로를 받기 위함이었던 것이다.

만왕의 왕께서 세상에 오셨다.

그 분의 오심은 누구의 위로를 구하거나

도움을 구하기 위함이 아니다.

오히려 위로하고 도와주고 건져주시기 위함이다.

왕께서 오셨을 때 동방의 박사들이

별을 보고 찾아와 경배를 드렸다.

그리고 들에서 양을 치던 목자들이 찾아와

구유에 누이신 아기를 보고 하나님께 영광을 돌리고 돌아갔다.

그리고 2천년이 지났지만

변함없이 우린 황금도 유향도 몰약도 가지지 못했다.

그러나 지금은 다르다.

왕께서 원하시는 것은

2천 년 전 동방의 박사들이 드렸던

황금이나 유향이나 몰약 따위가 아니다.

지금 왕께서 우리에게 원하시는 것은

그 분의 왕 되심을 인정하는 마음과

우리 영혼 깊숙이 자리 잡은 그 분의 나라가 아니겠는가?

금년 성탄은 만왕의 왕이신 예수께서 나의 왕이심을 고백하고

그 분이 나의 마음에 왕으로 계심을 보여드리는 것이 어떨까?

은혜로운 교회

이 강물이 이르는 곳마다 번성하는 모든 생물이 살고 또 고기가 심히 많으리니 이 물이 흘러 들어가므로 바닷물이 되살아나겠고 이 강이 이르는 각처에 모든 것이 살 것이며 또 이 강 가에 어부가 설 것이니 엔게디에서부터 에네글라임까지 그물 치는 곳이 될 것이라 그 고기가 각기 종류를 따라 큰 바다의 고기 같이 심히 많으려니와 그 진펄과 개펄은 되살아나지 못하고 소금 땅이 될 것이며 강 좌우 가에는 각종 먹을 과실나무가 자라서 그 잎이 시들지 아니하며 열매가 끊이지 아니하고 달마다 새 열매를 맺으리니 그 물이 성소를 통하여 나옴이라 그 열매는 먹을 만하고 그 잎사귀는 약 재료가 되리라

(에스겔 47장 1-12절)

148

벌써 8년이 지났다.

그 많고 많은 교회들 가운데서도

우리를 향하신 하나님의 분명하신 뜻이 있을 것으로 믿고

출발한 것이 벌써 8년 전의 일이 되었다.

눈물도 있었고,

괴로움도 있었고

차마 아무에게도 말 못할 속앓이를 했었는데

그게 다 지난 이야기가 되었다.

그리고 우린 교회 설립 8주년이라는 아름다운 순간을 맞았다.

"땅 끝까지 이르러 내 증인이 되라"시던 주님의 명령을 따라

우린 최선을 다해 예수의 구원과 그 안에 있는 생명을 전하는

증인으로서의 삶을 살려고 노력했었다.

그것뿐이다.

우린 누구의 위로나 칭찬도 바라지 않는다.

다만 하늘 아버지의 칭찬을 소망하며 전진하고

또 전진할 뿐이다.

그리고 이 땅에 있는 수많은 교회들 가운데

가장 은혜롭고 가장 평안한 교회를 꿈꿀 뿐이다.

그래서 우린 이 세상 모든 사람들이 평생에 꼭 한 번은

찾아와서 예배를 드리고 싶은

아름다운 교회를 이루려는 꿈으로 가득 차 있다.

그리고 그 꿈은 조만간에 반드시 이루어질 것이라는

믿음을 우리는 가지고 있다.

에스겔은 성전 문지방에서 흘러나온 물이

발목을 적시고 무릎을 적시고 허리를 적시고

급기야 창일한 물이 되는 것을 보았다.

그리고 그 물은 흘러가는 곳마다

모든 동식물들이 생명을 얻게 해주었다고 했다.

이제 우리 교회가 세상을 향해

그렇게 생명을 주는 교회가 되고 싶다.

모든 사람의 영혼을 흡족히 적셔주며

저들의 발걸음을 은혜로 인도하는 교회가 되고 싶다.

병든 영혼들,

지친 영혼들,

자신의 남은 날을 계수할 수 없는 어리석은 영혼들을

생명과 구원으로 인도하는 교회가 되고 싶다.

마치 성전 문지방에서 흘러나온 그 작은 물이

큰물을 이루고 생명을 살리는 것처럼

우리 서인천제일교회가

그렇게 세상에 생명을 주는 교회로 우뚝 서고 싶다.

여호와를 기억하라

네 하나님 여호와를 기억하라 그가 네게 재물 얻을 능력을 주셨음
이라 이같이 하심은 네 조상들에게 맹세하신 언약을 오늘과 같이
이루려 하심이니라 네가 만일 네 하나님 여호와를 잊어버리고 다른
신들을 따라 그들을 섬기며 그들에게 절하면 내가 너희에게 증거하
노니 너희가 반드시 멸망할 것이라 여호와께서 너희 앞에서 멸망시
키신 민족들 같이 너희도 멸망하리니 이는 너희가 너희의 하나님
여호와의 소리를 청종하지 아니함이니라

(신명기 8장 11~20절)

누군가 나를 기억해 주는 사람이 있다는 것은

고맙고 감사한 일이다.

그리고 또 내가 기억하는 사람들이

나와 전혀 무관한 사람들이 아니다.

가족, 친지들

사랑하는 사람들

그리고 고맙고 감사한 이들이

주로 내가 기억하는 분들이다.

물론 거기엔 나를 아프게 하고

못 견딜 만큼 힘들게 했던 사람들도 있다.

어쨌든 내가 기억하는 사람들은

나와 상당한 관계에 있는 분들이라고 하겠다.

또한 기억한다는 것은 잊지 않는다는 말이기도 하다.

그러므로 내가 누군가를 기억한다는 것은

내가 그를 잊지 않고 있다는 것이며

누군가 나를 기억해 주는 분이 있다면

그가 나를 잊지 않고 있다는 말이 되는 것이다.

이스라엘의 신 야훼께서도

사람들이 자신을 기억해 주기를 원하셨다.

이스라엘 백성들이 야훼를 기억한다는 것은

그 분의 구원을 기억한다는 것이며

그 분의 명령을 기억한다는 것이다.

또한 야훼를 기억한다는 것은

결정적으로 그분의 언약을 기억한다는 말이다.

이 말은 이스라엘이 야훼를 잊어버린다는 것은

우상을 숭배한다는 것이며 죄를 범하고 있다는 것이다.

그러면 사람들이 언제 야훼를 잊어버리게 되는가?

마음이 교만해졌을 때이다.

그리고 교만의 끝은 이웃나라에 노예가 되어

종살이를 하게 되는 것이다.

종살이가 두려워서가 아니라

그 분의 은혜를 기억한다는 것은 좋은 일이다.

그러므로 은혜를 버리는 것은 불행한 일이라 하겠다.

왜냐하면 더 이상의 하나님의 은혜를 기대할 수 없기 때문이다.

하여 눈에 보이는 현상만 따르지 말고

눈에 보이지 않으시는 하나님의 음성에

귀를 기울일 필요가 있다.

지금 힘들고 어려운 일이 있는가?

그것 또한 하나님께 맡긴다면

당신은 은혜를 아는 가장 아름다운 사람이 될 것이다.

우리는 귀한 존재입니다

여호와 우리 주여 주의 이름이 온 땅에 어찌 그리 아름다운지요 주의 영광이 하늘을 덮었나이다 주의 대적으로 말미암아 어린 아이들과 젖먹이들의 입으로 권능을 세우심이여 이는 원수들과 보복자들을 잠잠하게 하려 하심이니이다 주의 손가락으로 만드신 주의 하늘과 주께서 베풀어 두신 달과 별들을 내가 보오니 사람이 무엇이기에 주께서 그를 생각하시며 인자가 무엇이기에 주께서 그를 돌보시나이까 그를 하나님보다 조금 못하게 하시고 영화와 존귀로 관을 씌우셨나이다 주의 손으로 만드신 것을 다스리게 하시고 만물을 그의 발 아래 두셨으니 곧 모든 소와 양과 들짐승이며 공중의 새와 바다의 물고기와 바닷길에 다니는 것이니이다 여호와 우리 주여 주의 이름이 온 땅에 어찌 그리 아름다운지요

(시편 8편 1-9절)

언제인지 기억할 수는 없지만

오래도록 인상적인 장면으로 기억되는

한 드라마가 있다.

역병을 피해 고향을 떠난 어느 부부가

객지에서 출산을 하게 되었다.

지체 높은 집안의 아기를 데리고

역병이 돌고 있는 한양으로 돌아갈 수 없어

그냥 그곳 시골 부잣집에

잠시 후 역병이 지나가면 오겠다고 아기를 맡기고 갔다.

그런데 한양으로 가는 도중 비적을 만나 대감은 죽고

부인이 수년 만에 아들을 찾아 왔는데,

아이를 맡았던 집이며 사람들은 간데없고

아기는 찾을 길이 없었다.

그 통에 한몫 단단히 잡아보려는 사람들이 펼치는

기가 막힌 이야기가 있었다.

그런데 안타깝게도 아들 심사에서

가짜가 아들로 발탁되고

진짜 아들은 인생을 비관해서

강물로 걸어 들어가던 장면이 머리에 남아있다.

자신이 얼마나 귀한 존재인지 모르는데서 오는

어처구니없는 사건이었다.

우리는 다들 귀한 존재들이다.

이런 귀한 존재들이 세상에서 조금 힘들게 산다고,

일이 잘 풀리지 않는다고,

성공하지 못했다고 함부로 행동을 하거나

자신을 세상에 내던진다면 얼마나 어리석은 일인가?

나의 존재가 가치 있는 존재라고 생각하는 사람일수록

가치 있는 삶을 살게 되고

자신이 보잘것없는 사람이라고 생각하는 사람일수록

보잘것없는 삶을 살게 되는 것이다.

자기 자신이 얼마나 귀한 존재인가를

이스라엘 왕이었던 다윗은 이렇게 노래한다.

"사람이 무엇이관대 주께서 저를 생각하시며

인자가 무엇이관대 주께서 저를 권고하시나이까?

저를 하나님보다 조금 못하게 하시고

영화와 존귀로 관을 씌우셨나이다."

나 자신을 창조적 존재요 가장 가치 있는 존재로 여길 때

세상의 주인이 될 것이며

나의 존재를 하찮은 존재로 여길 때

세상 누구도 기억해 주지 않는 가치 없는 존재가 될 것이다.

처음 사랑으로 돌아가라

에베소 교회의 사자에게 편지하라 오른손에 있는 일곱 별을 붙잡고 일곱 금 촛대 사이를 거니시는 이가 이르시되 내가 네 행위와 수고와 네 인내를 알고 또 악한 자들을 용납하지 아니한 것과 자칭 사도라 하되 아닌 자들을 시험하여 그의 거짓된 것을 네가 드러낸 것과 또 네가 참고 내 이름을 위하여 견디고 게으르지 아니한 것을 아노라 그러나 너를 책망할 것이 있나니 너의 처음 사랑을 버렸느니라 그러므로 어디서 떨어졌는지를 생각하고 회개하여 처음 행위를 가지라 만일 그리하지 아니하고 회개하지 아니하면 내가 네게 가서 네 촛대를 그 자리에서 옮기리라

(요한계시록 2장 1-7절)

며칠 전 지방자치단체 선거가 있었다.

후보자들은 하나같이 지역의 일꾼이 되어 열심히 일하겠다고

열변을 토했다.

그리고 5월 31일 선거가 끝난 후 당선자가 속속 밝혀지면서

모두가 감사하다고 현수막을 내걸기도 하고

시장에 나와 주민을 만나기도 했다.

지금의 저 모습들이 시간이 지나도 변하지 않았으면 좋겠다.

이렇듯 초심을 잃지 않는다는 것은 쉬운 일이 아니다.

끊임없는 자기 절제와 반성을 통해서만 가능한 일이다.

초심은 가정에서도 직장에서도 중요하다.

처음 만나 사랑을 나누고

가정을 이루던 그때의 마음을 변함없이 간직한 채

부부가 서로 사랑하며 살아가는 모습은

가장 아름다운 모습이라고 할 수 있다.

직장에서도 그렇다.

처음 나를 뽑아주고 직장을 주서서 고맙다고

머리 숙여 감사하던 그 때의 마음을 변함없이 간직한 채

지금까지 기쁨으로 직장에 헌신하는 사람이 몇이나 될까?

이러한 초심은 신과의 관계에서도 마찬가지이다.

처음 주님을 만났을 땐

감사하고 감격해서 눈물을 흘리던 수많은 사람들이

가정이 안정되고 사업이 번창해지면서부터

감사를 잃고 간절함을 잃고 헌신을 잃어간다.

주님께서는 처음 사랑을 잃어버린 에베소교회를 향해

말씀하신다.

"너를 책망할 것이 있나니 너의 처음 사랑을 버렸느니라"

처음 사랑을 잃어버린 것은

주님께 책망을 받을 일이라는 것이다.

잃어버린 처음 사랑을 회복하는 방법은 무엇인가?

"어디서 떨어진 것을 생각하라"고 하신다.

나는 지금 주님을 처음 만나던 그 날의 그 감격과 기쁨을

지금도 기억하며 살고 있는가?

나는 그때처럼 지금도 변함없이 주님으로 인하여

설레고 있는가?

아니라면 속히 어디서 떨어진 것을 생각해야 할 것이다.

우리 서로 동역자가 됩시다

너희는 그리스도 예수 안에서 나의 동역자들인 브리스가와 아굴라
에게 문안하라 그들은 내 목숨을 위하여 자기들의 목까지도 내놓았
나니 나뿐 아니라 이방인의 모든 교회도 그들에게 감사하느니라

(로마서 16장 3-4절)

사람은 처음부터 혼자서는 살아갈 수 없는 존재였다.

그래서 아담에게는 하와가 필요했다.

혼자가 아니라

더불어 살아야만 되는 존재로 만들어졌다는 뜻이다.

그런데도 언제부턴가

사람들의 생각과 행동 속에 더불어가 아닌

오직 나 혼자만이라는 의식이 싹트기 시작했다.

그 결과로 인간은 불행과 아픔을

통째로 경험하면서 살아야 했다.

사랑하는 부모형제가 핵가족이라는 이름으로 뿔뿔이 흩어져서

필요할 때만 겨우겨우 얼굴을 대하고 있으며,

성격 차이라는 이름으로

평생을 함께하자던 혼인서약마저 무효가 되고 있다.

그리고는 뜻이 맞는 사람과 함께 사업을 하면서

동업자라 부르고,

사상이 같은 사람끼리 만나서 동지라 부른다.

그러나 부모형제와도 담 쌓고 사는 인간이

언제 등 돌리고 돌아앉을지는 시간문제이다.

혼자 살 수 없게 만들어진 인간이

굳이 혼자 살려고 하는데서 빚어진 가슴 아픈 결과라 하겠다.

그러나 갈라진 인간의 마음과 생각을

다시금 하나로 회복시키는 사람들이 세상에 나타났다.

그들은 서로를 동역자라고 불렀다.

이들의 삶과 행동은 설득력이 있었다.

이들의 삶의 목표는 오직 하나였으며,

추구하는 바도 한결 같았다.

이들의 삶은 보이지 않는 그들의 주인으로부터

통제되고 있었는데,

그들은 오직 주인의 뜻을 위해서만 살았으며,

주인의 뜻이 곧 그들의 삶이요

주인의 뜻을 이 땅에 이루는 것이 그들의 기쁨이었다.

서로를 위해 생명조차 아끼지 않았던

이 사람들이 이루고자 했던 것은 이 땅에 교회를 세우는 일이었다.

그리고 이들이 이 땅의 인류들에게 전하는 메시지는

더불어 살아가는 세상이었다.

바울처럼 아굴라와 브리스길라 부부처럼

함께하는 삶 속에서 세상의 행복을 누렸으면 한다.

행함과 진실함으로 사랑하자

형제들아 세상이 너희를 미워하여도 이상히 여기지 말라 우리는 형제를 사랑함으로 사망에서 옮겨 생명으로 들어간 줄을 알거니와 사랑하지 아니하는 자는 사망에 머물러 있느니라 그 형제를 미워하는 자마다 살인하는 자니 살인하는 자마다 영생이 그 속에 거하지 아니하는 것을 너희가 아는 바라 그가 우리를 위하여 목숨을 버리셨으니 우리가 이로써 사랑을 알고 우리도 형제들을 위하여 목숨을 버리는 것이 마땅하니라 누가 이 세상의 재물을 가지고 형제의 궁핍함을 보고도 도와 줄 마음을 닫으면 하나님의 사랑이 어찌 그 속에 거하겠느냐 자녀들아 우리가 말과 혀로만 사랑하지 말고 행함과 진실함으로 하자

(요한일서 3장 13-18절)

근자에 들어 가장 흔하게 쓰이는 말 중에 하나가

"사랑"이라는 말이다.

아무나 사랑한다고 말하고,

처음 보는 사람끼리도 사랑한다고 말하고,

심지어 한 번도 만나본 적이 없는 사이버상의 사람을 향해서도

사랑한다는 말을 쉽게 내뱉는 시대이다.

인간이 보호해야 할 대상인 자연을 향해서도

사랑한다고 말하고,

인격적인 교감이 전혀 없는 상태에서도

사랑한다는 말을 쉽게 하는 시대가 되었다.

하여 사람들이 말하는 '사랑'이라는 말에 대해

전혀 신뢰할 수 없는 지경에 이르고 말았다.

그러나 아무리 흔하다고 할지라도

'사랑' 이라는 말처럼 또 사람을 감동시키는 말은 없을 것이다.

아무리 흔하고 아무리 남발되는 말이라 할지라도

역시 이 세상에서 가장 아름다운 말은

'사랑'이라는 말일 것이다.

그래서 누군가 나를 향해 '사랑한다.'라고 말할 때

그 흔한 말이 가슴을 설레게하는 것이다.

그러나 사랑은 가슴을 설레게 하는 것으로 끝나서는 안 된다.

진정한 사랑은 행함으로 나타나야 하기 때문이다.

내가 누군가를 사랑한다면

그를 사랑함으로 나에게 어떤 결과가 있어야 한다는 것이다.

말로는 사랑한다고 수없이 외치면서도

그 외침 자체가 건성이거나,

정작 내가 사랑하는 사람을 위해

아무런 희생이나 필요를 채워줄 수 없다면

그것은 사랑이라고 할 수가 없다.

그래서 요한이라고 하는 예수님의 제자는

"말과 혀로만 사랑하지 말고 행함과 진실함으로 하자" 라고

말하고 있다.

이는 '사랑'이라고 하는 것이

말이나 혀만으로도 얼마든지 가능한 것임을 말해주는 것이다.

그러나 진정한 사랑은 말과 혀에서 끝나는 것이 아니라

행함으로 나타나는 것이다.

내가 사랑하는 모든 사람들을 건성으로 사랑한다면

이 세상에서 없어져야 될 말은 바로 '사랑'이라는 말일 것이다.

여기까지 우리를
도우신 하나님

사무엘이 돌을 취하여 미스바와 센 사이에 세워 이르되 여호와께서
여기까지 우리를 도우셨다 하고 그 이름을 에벤에셀이라 하니라 이
에 블레셋 사람들이 굴복하여 다시는 이스라엘 지역 안에 들어오지
못하였으며 여호와의 손이 사무엘이 사는 날 동안에 블레셋 사람을
막으시매 블레셋 사람들이 이스라엘에게서 빼앗았던 성읍이 에그
론부터 가드까지 이스라엘에게 회복되니 이스라엘이 그 사방 지역
을 블레셋 사람들의 손에서 도로 찾았고 또 이스라엘과 아모리 사
람 사이에 평화가 있었더라

(사무엘상 7장 12-14절)

한해가 벌써 지나버렸다.

정말 이건 아니었는데 라고 후회할 겨를도 없이

또다시 훌쩍 일 년이 지나고 말았다.

전쟁과 기근과 지진과 각종 재앙으로

세상이 온통 몸살을 앓고 있는데

그래도 우린 별 탈 없이 한해를 보냈다.

이스라엘은 애굽에서의 해방과

가나안에서의 정착과정에서

눈물겨운 아픔과 혼란을 겪어야 했다.

이방민족의 공격과

새로운 문화충격에 대한 민족의 일탈행위 등

자신들을 인도해 내신 신에 대한

감당키 어려운 민족적 반역행위가 있었다.

그로 인한 실패와 고통 속에서

그들은 여호와께로 돌아가야 한다는 진리를 깨닫게 되었다.

그리고 자신들을 여기까지 인도하신 분이

여호와라는 사실을 고백한다.

"여호와께서 여기까지 우리를 도우셨도다"

이는 그동안의 잘못에 대한 속죄의 고백이요

이후로 영원히 여호와를 의지하겠다는

새로운 출발의 다짐이었다.

과거로부터 자유하라

그러므로 너희 마음의 허리를 동이고 근신하여 예수 그리스도께서 나타나실 때에 너희에게 가져다주실 은혜를 온전히 바랄지어다 너희가 순종하는 자식처럼 전에 알지 못할 때에 따르던 너희 사욕을 본받지 말고 오직 너희를 부르신 거룩한 이처럼 너희도 모든 행실에 거룩한 자가 되라 기록되었으되 내가 거룩하니 너희도 거룩할지어다 하셨느니라 외모로 보시지 않고 각 사람의 행위대로 심판하시는 이를 너희가 아버지라 부른즉 너희가 나그네로 있을 때를 두려움으로 지내라 너희가 알거니와 너희 조상이 물려 준 헛된 행실에서 대속함을 받은 것은 은이나 금 같이 없어질 것으로 된 것이 아니요 오직 흠 없고 점 없는 어린 양 같은 그리스도의 보배로운 피로 된 것이니라

(베드로전서 1장 13-19절)

사람은 누구나 지나온 인생,

즉 살아온 과거가 있다.

그리고 그 과거가 오늘의 나를 형성한 바탕이요

근본이라고 할 수 있다.

그런데 많은 사람들이

그 지나온 과거로부터 자유하지 못하고

과거에 얽매어 현재를 고통 가운데 살아가고 있다.

과거의 상처가 아물지 않아서 괴로워한다.

나를 괴롭혔던 사람들!

용서가 안 되는 어떤 사람!

두고두고 후회가 되는 어떤 사건들!

이러한 과거들은 잊어버리고 싶다고 해서

잊히는 것이 아니다.

왜냐하면 그때 받은 아픔과 상처들이

너무 크게 뇌리에 각인되어 있기 때문이다.

오해와 불신과 폭력 속에서

자신을 지켜내지 못한 후회와 분노가

지금도 과거라는 이름으로 살아서

우리 인생에 그림자를 드리우고 있는데

이를 방관하고 덮어둔 채로 살아가고 있는 것은

언제 터질지 모르는 폭탄을

가슴에 품고 살아가는 것과 같다고 하겠다.

그러므로 과거는 의식속에서 반드시 해결해야 할

오늘날의 숙제인 것은 분명하다.

그러나 과거는 해결하고 싶다고

쉽게 해결되는 것이 아니다.

과거는 참으로 끈질기게 우리를 괴롭히며

사고의 폭을 좁혀간다.

그렇다고 무작정 방치한다면

인생이 그만큼 힘들고 괴로울 뿐이다.

그러나 전혀 방법이 없는 것만도 아니다.

과거를 솔직히 인정하고 받아들이는 것이다.

그리고 다 용서하는 것이다.

입술이 터지도록 깨물고 깨물었던 지난날들을

다 용서하고 사랑하려고 애쓰자.

사랑하면 용서가 되고 용서하면 그때 비로소

과거로부터 자유 할 수 있을 것이다.

나의 상처는 고스란히 자녀들에게 물려지게 되고

고함과 폭력과 분노로 표출되게 된다.

그리고 그 자녀들은 먼 훗날 나처럼

또다시 과거로부터 자유하지 못해 괴로워할 것이다.

대물림되고 반복되는 아픔을 차단하고

모두가 행복해지기 위해 지금 과거를 용서하라.

내 은혜가 네게 족하도다

지난 2천 년 전, 이 땅에 오셔서

인류를 구원하시기 위해 십자가의 길을 걸어가신

예수 그리스도의 고난의 의미를 묵상하는 고난주간이다.

모든 인생의 고난은 가시와 같은 것이다.

찔리면 아프고 괴롭다.

그러나 육체를 찌르는 가시보다도

마음을 찌르는 가시가 더욱 괴롭다.

고난 주간을 맞이하면서 고난에 대응하는 우리의 방법을

사도 바울의 경우를 들어 배웠으면 한다.

바울은 가시가 자신을 찌를 때

그 가시가 옮겨지도록 기도했었다.

그러나 가시가 떠나지 않았다.

기도하고 또 기도했는데도 가시는 떠나지 않았다.

그래서 그는 가시를 주신 목적이 무엇인지에 관심을 두었다.

그리고 가시를 주신 이유를 알기 위해서

다시 기도할 수밖에 없었다.

그때 얻은 대답이 무엇인가?

"이는 나를 쳐서 너무 자고하지 않게 하려 하심이라"는

것이었다.

겸손하게 하시려고 고난의 가시를 주셨다는 것이다.

그 뿐인가? 주께서는 "내 은혜가 네게 족하도다"라고 하신다.

가시가 아파서 무릎을 꿇었더니

"내 은혜가 네게 족하다"는 것이었다.

그렇다면 그 분의 은혜 앞에 웃어야 하는가? 울어야 하는가?

고통은 아직 가시지 않았는데,

고통은 앞으로도 계속된다는데

이 대답 앞에서 우린 어찌해야 하는가?

바울은 "내가 그리스도를 위하여

약한 것들과 능욕과 궁핍과 핍박과 곤란을 기뻐한다"고 했다.

왜냐하면 "내가 약할 그 때에 곧 강함이라"는 사실을

알았기 때문이다.

이 고난 주간에 자신을 다시 한 번 돌아보라.

"이 잔을 내게서 옮겨 달라"고 기도하시던 주님께서는

"내 뜻이 아닌 하나님의 뜻대로 되시기를" 기도하셨다.

이 고난 주간에 나를 이 땅에 보내신 그 분의 뜻을 생각해 보자.

왜 나를 세상에 보내셨으며,

왜 세상 속에서 고통하며 살게 하시는지를…

상한 감정을 치유하라

분을 내어도 죄를 짓지 말며 해가 지도록 분을 품지 말고
마귀에게 틈을 주지 말라

(에베소서 4장 26-27절)

사람들은 감정이 상할 때

지금까지와는 전혀 다른 사람이 되어버린다.

상한 감정은 행동을 부자연스럽게 만들고

부자연스런 행동은 일그러진 아픔으로 다가올 때가 많다.

말과 행동이 다르게 나타나고

생각과 행동은 더욱 그렇다.

그러므로 상한 감정은 반드시 치유해야만 한다.

상한 감정을 방관하거나 가볍게 여긴다면

감당할 고통의 무게는 더욱 커져가기 때문이다.

상한 감정은 보통 분노로 표출되기 일쑤다.

그리고 그 분노는 표현 방법이나 대상에 따라

자기학대 내지는 다른 사람을 향한

심각한 위협으로 나타나기도 한다.

어떤 이는 분노를 표출하는 방식이 침묵으로 나타나기도 한다.

남편이 아내에게 혹은 아내가 남편에게

며칠이고 말을 하지 않고 지내는 장면을 상상해 보라!

얼마나 힘들고 어려운 문제인가?

누가 이 문제를 풀 수 있겠는가?

결국은 상한 감정이 치유되어야만 하는 것이다.

어떤 이는 자동차를 몰고

고속도로를 광란에 가깝도록 질주하기도 한다.

자동차 엔진이 깨지든, 내가 깨지든 한번 해보겠다는 것이다.

그러나 이보다 위험천만한 일이 있으랴?

자기 자신은 물론이며 타인을 향한 얼마나 큰 위협인가?

어떤 이는 빨래를 하기도 하고

또 어떤 이는 배가 터지도록

닥치는 대로 자꾸만 먹어 치우기도 한다.

그러나 이는 모두 자기학대의 한 유형일 뿐이다.

그렇다고 해서 문제가 해결되는 것도 아니고

상한 감정이 치유되는 것도 아니다.

그럼에도 불구하고 상한 감정은 반드시 치유되어야 한다.

그것이 분노의 시작이며 고통의 출발점이기 때문이다.

어떻게 치유해야 하는가?

상한 감정을 치유할 수 있는 유일한 방법은

십자가에 달리신 예수님에게서 찾아야 한다.

그 분은 자신을 십자가에 못 박은 사람들까지도 용서하셨다.

그분을 제대로 바라볼 수만 있다면

우리의 상한 감정은 치유될 것이다.

사랑하는 자에게 잠을 주시는 하나님

여호와께서 집을 세우지 아니하시면 세우는 자의 수고가 헛되며 여
호와께서 성을 지키지 아니하시면 파수꾼의 깨어 있음이 헛되도다
너희가 일찍이 일어나고 늦게 누우며 수고의 떡을 먹음이 헛되도다
그러므로 여호와께서 그의 사랑하시는 자에게는 잠을 주시는도다

(시편 127편 1-2절)

사람이 자신의 일생 중 1/3을 잠으로 보낸다고 한다.

이 말은 인간에게 있어서

잠이 얼마나 소중한 것인가를 말해주는 것이다.

잠은 부자나 가난한 자나

건강한 자나 병약한 자를 가리지 않고

모두에게 필요한 것이다.

그러므로 잠을 잘 자는 것이

인간 행복에 있어 가장 소중한 요소인 것이다.

잠은 건강한 사람이 잘 잔다.

병들고 아프면 잠이 오질 않는다.

그러므로 이유 없이 잠자리에서 뒤척이며

잠을 못 이룬다면 심각하게

자신의 건강상태를 되돌아보아야 한다.

또한 정신적으로도 건강해야 한다.

마음에 근심이 쌓이거나

남을 미워하면 잠을 이룰 수가 없기 때문이다.

사람을 만드신 창조주께서는

"그 사랑하시는 자에게 잠을 주신다"고 하셨다.

이는 죄인이 잠을 이루지 못한다는 말씀과도 같은 것이다.

죄를 범한 사람들은 괴로움과 두려움으로 잠을 이룰 수 없다.

그러므로 우리가 충분한 숙면을 위해서는

우선 죄 사함의 은총을 입어야 한다.

죄의 문제를 모두 청산한 사람은

세상 근심 걱정을 모두 버렸기에

편안한 잠을 이룰 수 있는 것이다.

그러므로 우리는 일하기 위해서 잠을 자는 것이 아닌

잠을 자기 위해서 일을 해야 한다.

결국 창조주께서 주시는 잠은

엄청난 축복을 담고 있는 것이다.

왜냐하면 사람들의 잠은

믿음으로 받은 은혜이기 때문이다.

잠은 수고하고 무거운 짐에서

우리를 해방시키시는 하나님의 은총이다.

또한 잠은 우리로 하여금

천국에 이르게 하는 소망이 된다.

잠자리에 들 때면

내일 아침 깨어날 것을 기대하는 것처럼,

잠을 잘 때는 죽는 연습을,

아침에 일어날 때는 부활의 연습을 되풀이하다가

마지막 날 깊이 잠들어

주님의 호령과 천사장의 나팔소리로

깨어날 것을 믿기 때문이다.

그리고 오늘

가장 행복한 잠을 이룰 수 있어야 한다.

내 영혼이 주를 갈망하나이다

하나님이여 주는 나의 하나님이시라 내가 간절히 주를 찾되 물이 없어 마르고 황폐한 땅에서 내 영혼이 주를 갈망하며 내 육체가 주를 앙모하나이다 내가 주의 권능과 영광을 보기 위하여 이와 같이 성소에서 주를 바라보았나이다 주의 인자하심이 생명보다 나으므로 내 입술이 주를 찬양할 것이라 이러므로 나의 평생에 주를 송축하며 주의 이름으로 말미암아 나의 손을 들리이다 골수와 기름진 것을 먹음과 같이 나의 영혼이 만족할 것이라 나의 입이 기쁜 입술로 주를 찬송하되 내가 나의 침상에서 주를 기억하며 새벽에 주의 말씀을 작은 소리로 읊조릴 때에 하오리니 주는 나의 도움이 되셨음이라 내가 주의 날개 그늘에서 즐겁게 부르리이다

(시편 63편 1-7절)

180

아들의 반역으로 인해 예루살렘 도성을 비워주고

유다 광야로 피신하던 다윗은

아들에게 쫓겨서 도망가는 자신의 비참한 처지를

'물이 없어 마르고 곤핍한 땅'에 비유하면서

하나님의 도우심을 간절히 구하는 것을 볼 수 있다.

그러나 이처럼 광야로 도망치는 메마르고 곤핍한 고난 중에도

다윗은 낙망하거나 어리석게 하나님을 원망하지 않았다.

오히려 메마른 땅이 간절히 비를 기다리듯이

하나님의 은혜를 간절히 찾고 갈망하였다.

그 결과 그의 소원대로 하나님께서 그늘이 되어 주셔서

모든 고난에서 보호해 주셨고 대적을 물리치고

다시 예루살렘으로 돌아가도록 인도해 주셨다.

다윗뿐이겠는가?

우리 인생도 메마르고 황량한 광야처럼

목마르고 지치고 피곤할 때도 있고,

마음이 타들어가는 듯한 고통에 처할 때도 있다.

그러나 그때가 바로

낙망하고 절망할 때가 아닌

하나님을 향해 마음으로 나아갈 때이다.

오히려 부르짖고 그 분 앞에 나아갈 때이다.

다윗은 절망과 낙망 대신 하나님의 말씀을 묵상하며

그 분의 음성을 기다리고 기다렸다.

하나님을 묵상한다는 것은

하나님을 기다리는 것과 같은 것이다.

그 분을 묵상하며 기다린다는 것은

우리에게 힘과 능력을 베풀어주시기를 기다린다는 것이다.

최근에 젊은이들이 주로 시청할 것 같은

TV 프로그램을 시청한 일이 있다.

정확한 프로그램이나 방송사 명은 기억할 수 없지만

잠깐 보았던 내용은 대충 이렇다.

어떤 예쁜 처녀가

TV에 출현해 남자 친구에게 사랑을 고백하였고,

남자 친구가 그녀의 고백을 받아들이겠다는 표시로

방송국 스튜디오의 문이 열리면

그곳에 나타나야 하는 프로였다.

그러나 그날 그 남자는 끝까지 방송국에 나타나지 않았고

그녀는 쓸쓸히 돌아서야만 했다.

남자친구가 초대에 응하기를 간절히 기다리는 마음으로

하나님을 갈망하는 것이

성도의 모습이어야 하지 않을까?

우리의 연약함을 도우시는 주님

이와 같이 성령도 우리의 연약함을 도우시나니 우리는 마땅히 기도
할 바를 알지 못하나 오직 성령이 말할 수 없는 탄식으로 우리를 위
하여 친히 간구하시느니라

(로마서 8장 26절)

기아대책기구에서 내놓은 화보 중에

이름 모를 아프리카 어느 지역의 아동들이

심각한 식량난과 비위생적인 환경 속에서

누군가의 도움을 애타게 기다리고 있는 사진을 본 적이 있다.

그 사진들을 보는 사람이라면

누구나 저들을 돕고 싶은 마음이 들었을 게다.

심지어 몸에 붙은 파리 떼를 쫓아낼 기력조차 없이

멍하니 앉아있는 아이들의 모습과 온몸이 꼬부라들어

도저히 펴질 것 같지 않은 어린아이 저 너머로

흰머리 독수리가 내려앉아 시간을 기다리는 사진은

인간의 비참함을 말보다 훨씬 강하게 전해주고 있었다.

그 사진이 인류 전체의 곤고함과 아픔을 다 대변하진 않겠지만

간절히 도움을 구하는 이름 모를 어떤 이들의 연약함을

세상에 알리기엔 충분하다는 생각이 들었다.

결국 그 사진을 촬영한 사진작가는

비참하게 죽어가는 아이의 모습과

잠시 후에 만찬을 즐기기 위해 기다리는 독수리로부터

아동을 보호하지 않았다는 세인들의 입방아 속에서

가장 잔인한 사람으로 낙인이 찍혔고

지금도 그에 대한 찬반은 끝나지 않았다.

문제는 하나님 앞에 서 있는

나 자신의 모습을 정확히 인식하자는 것이다.

나 자신의 연약함을 인정하고 도우시는 주님을

기다리자는 것이다.

그 분의 도우심을 기대할 때

우리의 연약함을 도우시는 주님께서

우리에게 가장 필요한 도움을 주실 것이다.

그러므로 우리에게 어떤 문제가 찾아왔을 때

그 문제를 똑바로 직시해야 한다.

문제의 원인이 무엇이며

어디서부터 시작되었는지를 알아야 한다.

그리고 나 자신에게 잘못이 있음을 인정해야 한다.

그리고 주님께 용서를 구하고 나도 다른 사람을 용서해야 한다.

왜냐하면 나처럼 다른 사람도 연약한 사람이기 때문이다.

서로 이해하고 용서할 때

주님은 우리의 연약함을 도우실 것이다.

우리가 약할 그 때에

여러 계시를 받은 것이 지극히 크므로 너무 자만하지 않게 하시려
고 내 육체에 가시 곧 사탄의 사자를 주셨으니 이는 나를 쳐서 너무
자만하지 않게 하려 하심이라 이것이 내게서 떠나가게 하기 위하여
내가 세 번 주께 간구하였더니 나에게 이르시기를 내 은혜가 네게
족하도다 이는 내 능력이 약한 데서 온전하여짐이라 하신지라 그러
므로 도리어 크게 기뻐함으로 나의 여러 약한 것들에 대하여 자랑
하리니 이는 그리스도의 능력이 내게 머물게 하려 함이라 그러므로
내가 그리스도를 위하여 약한 것들과 능욕과 궁핍과 박해와 곤고를
기뻐하노니 이는 내가 약한 그 때에 강함이라

(고린도후서 12장 7-10절)

살다보면 우리가 전혀 원치 않았음에도 불구하고

약해지는 때가 있다.

갑자기 경제적으로 어려워지면

정신적으로도 위축되기 마련이다.

돈 떨어지는 순간 약해진다는 말이다.

그 뿐인가?

병이 들면 약해진다.

제 아무리 많은 재물을 가졌다 해도

병들어 눕게 되면 방법이 없다.

또한 자신의 계획과 기대가 수포로 돌아갈 때 약해진다.

세상이 맘대로 안 되는데 다른 방법이 없지 않은가?

당연히 위축되어서 사람들의 눈치를 보게 되고

명예도 지식도 사랑도 희망도

모두 다 상실감으로 인해 약해질 수밖에 없다.

그런데 이처럼 누구도 원치 않는 자신의 약함을 인하여

더 큰 능력을 발휘하며 살아간 사람이 있다.

이처럼 같은 상황 같은 환경에서

서로 전혀 다른 모습으로 살아갈 수 있었던 것은

가치관의 차이라고 하겠다.

세상을 바라보고 이해하며 살아가는 서로 다른 가치관이,

한편에서는 몸서리치게 괴로운 인생을 연출하였고,

다른 한편에서는 가장 활발하고

능력 있는 삶을 펼치도록 한 것이다.

신앙은 신비로운 것이다.

그래서 하나님의 은혜는 약할 때

강하게 역사한다고 말씀하고 있다.

이는 신앙으로만 이해될 수 있는 가장 소중한 신비이다.

그래서 신앙은 나의 모든 약한 것들까지도

다 강한 것들로 변화시킬 수 있는 것이다.

바울이라고 하는 히브리인이 있었다.

그는 자신을 괴롭히는 육체의 가시를 견디다 못해

세 번이나 그가 섬기는 신(神)에게 기도하였다.

그러나 그 신(神)의 대답은 전혀 의외였다.

"내 은혜가 네게 족하도다"라는 것이다.

이는 현실에 대한 인식의 문제와 가치관의 문제였다.

바울은 이후로 오히려 자신의 약함을 자랑하는 사람이 되었다.

왜냐하면 자신의 약함은

곧 은혜의 통로요 수단임을 알았기 때문이다.

이슬 같은 은혜

내가 이스라엘에게 이슬과 같으리니 그가 백합화같이 피겠고
레바논 백향목같이 뿌리가 박힐 것이라

(호세아 14장 5절)

더워도 너무 덥다.

베란다에 있는 화초에 하루만 물을 안 주면 금세 시들해 지는

것을 본다.

그러나 밖에서 자라고 있는 초목들은

사람이 살피지 않아도 잘들 견디어 낸다.

물을 부어주지 않았는데도

산천초목이 잘 자라는 이유가 무엇일까?

여러 가지 이유가 있겠으나

그 중에 하나가 이슬이 내리기 때문이다.

이슬은 생물들에게 필요한 수분을 머금고 있어

식물을 잘 자라게 해준다.

이슬은 하늘이 준 선물이다.

이는 하늘에 속한 신령한 복과도 같은 것이다.

비는 요란하게 내린다.

그러나 이슬은 소리 없이 내린다.

고요한 밤 아무도 보지 않는 은밀한 중에 내린다.

하나님의 은혜도 이슬과 같아서

우리도 모르는 사이 살며시 임한다.

이슬은 매일 내린다.

일 년에 한두 번 내리고 마는 것이 아니다.

하나님의 은혜도 이와 같다.

우리가 선을 행할 때만 내리는 것이 아니라

날마다 내리기 때문이다.

종일 작열하는 태양 아래 시들었던 식물들이

한밤중에 내리는 이슬을 머금고 아침에는 생기를 찾는다.

하나님의 은혜가 그렇다.

지치고 힘든 영혼 속에 하나님의 은혜가 임할 때

그 영혼이 힘을 얻게 되는 것이다.

사람들은 장맛비같이 굵고 큰 은혜를 원한다.

그러나 하나님께서는 이슬과 같은 은혜로 우리에게 다가오신다.

사람들은 세상 모든 사람들이 다 알아볼 수 있도록

눈에 띌 만한 은혜를 원한다.

그러나 하나님께서는 은밀한 중에

우리에게 은혜를 베풀어 주신다.

우리는 우리가 원하는 은혜가 아닌

하나님께서 주시는 은혜로만이 새로워질 수 있고

아름다운 향기를 풍길 수 있는 사람으로

변화될 수 있다는 사실을 알아야 한다.

따라서 지금 우리에게 가장 필요한 것은

은혜를 가장한 잎만 무성한 허영이 아니라

이슬처럼 소리 없이 주시는 생명이 담긴 은혜인 것이다.

가장 잘 살아가는 비결

그는 허물과 죄로 죽었던 너희를 살리셨도다 그 때에 너희는 그 가운데서 행하여 이 세상 풍조를 따르고 공중의 권세 잡은 자를 따랐으니 곧 지금 불순종의 아들들 가운데서 역사하는 영이라 전에는 우리도 다 그 가운데서 우리 육체의 욕심을 따라 지내며 육체와 마음의 원하는 것을 하여 다른 이들과 같이 본질상 진노의 자녀이었더니 긍휼이 풍성하신 하나님이 우리를 사랑하신 그 큰 사랑을 인하여 허물로 죽은 우리를 그리스도와 함께 살리셨고 (너희는 은혜로 구원을 받은 것이라) 또 함께 일으키사 그리스도 예수 안에서 함께 하늘에 앉히시니 이는 그리스도 예수 안에서 우리에게 자비하심으로써 그 은혜의 지극히 풍성함을 오는 여러 세대에 나타내려 하심이라

(에베소서 2장 1-7절)

노르웨이의 탐험가인 난센이라는 사람은

북극 바다의 깊이를 측정하기 위해

아주 긴 밧줄을 구해서 바다 속에 넣고

어느 정도에서 밧줄이

바다 밑바닥에 닿는지를 알아보려고 했다.

그러나 준비한 밧줄은 바다 밑에 닿지 않았고

여러 날을 반복해서 더 긴 밧줄을 구해 왔지만

끝내 바다의 깊이를 알아보는 데는 실패하였다.

왜냐하면 북극바다의 깊이는

그런 밧줄로는 잴 수 없을 만큼 매우 깊었기 때문이다.

이처럼 세상에는 사람들이 잴 수 없는 것들이 많이 있다.

사람들은 나와 가장 가까이에 있는 사람의

사랑의 깊이도 잴 수 없고

신(神)께서 주시는 은혜의 깊이도 잴 수 없다.

그래서 사람들은 수없이 많은 사랑을 받으면서도

사랑에 굶주려 있고

말할 수 없는 은혜 가운데 살면서도

항상 부족함을 느끼며 살아가고 있다.

네 번 결혼을 한 어떤 여인은

첫 번째 남편이 가장 좋았다고 고백하였다.

그녀는 네 남자와 사는 동안에

문제는 남편들이 아니라

자신에게 있었다는 것을 깨달았다고 한다.

하늘에 속한 사람들은

세속적인 욕망 때문에 괴로워하지 않는다.

수단 방법을 가리지 않고

악착같이 남보다 앞서려고 하지도 않는다.

현재의 형편이 아무리 초라하고 볼품없다할지라도

다른 사람과 비교하면서 괴로워하지도 않는다.

왜냐하면 하늘의 평안을 바라보며 살기 때문이다.

하나님의 은혜는 놀라운 것이다.

그러나 함부로 살면

그 놀라운 은혜를 휴지조각처럼 여기는 것과 같고

나에게 은혜를 베풀어 주신 그 분의 이름을 욕되게 하는 것이다.

놀라운 은혜의 가치를 아는 사람은

놀라운 삶의 변화를 가져온다.

그것이 세상을 가장 잘 살아가는 비결이기 때문이다.

세상을 가장 잘 살아가는 사람은 은혜로 사는 사람이다.

그리고 그 은혜를 온몸에 채우고

온몸으로 행복해 하는 사람이다.

긍휼히 여기는 자가 누릴 행복

긍휼히 여기는 자는 복이 있나니
그들이 긍휼히 여김을 받을 것임이요

(마태복음 5장 7절)

겨울철이 되면 어김없이 나타나는 사람들이 있다.

지하도 입구나 육교 계단 중간쯤에

엄마로 보이는 여인의 등에 매달린 채

양말도 신지 않은 어린 아기가 잠들어 있고,

엄마는 지나가는 사람들을 향해

연신 허리를 굽히며 구걸을 한다.

이런 모습은 추운 겨울이 다 지나기까지 자주 목격되는 일이며

이들은 겨울이면 어김없이 찾아오는 단골손님들이다.

지나는 사람들의 모습도 각양각색이다.

혀를 차는 사람, 외면하는 사람,

동전을 던져주는 사람,

아기의 발을 포대기 속으로 집어 넣어주는 사람 등.

긍휼은 불쌍히 여기는 마음이다.

그리고 편견 없는 넓은 마음이다.

왓슨이라고 하는 사람은

"사랑이 애인을 방문하는 친구와 같은 것이라면

긍휼은 병자를 방문하는 의사와 같은 것이다.

은혜가 죄 가운데 있는 사람에게 베푸시는

하나님의 애정이라면

긍휼은 죄의 결과로 비참한 상태 속에 있는

사람을 향한 애정"이라고 하였다.

인종차별이 아주 심하던 시절

어떤 백인이 정원에 앉아 시원한 바람을 쏘이며

맥주를 마시고 있었다.

그때 지나가던 아메리칸 인디언이 배가 고프고 목이 말라

그에게 "제게 물 한 그릇 줄 수 있겠습니까?"라고 했더니

"없어!"라고 했다.

"그러면 당신이 마시는 맥주라도 한 잔만 좀 주시죠."

"인디언 놈한테 못 줘!"

그래서 인디언은 힘없이 떠나갔다.

며칠 후 그 백인이 사냥을 나갔다가

사냥개를 잃고 길도 잃어 조난당한 채 깊은 산중에 쓰러졌는데

아메리칸 인디언이 그를 발견하고

데려다 간호해주고 먹을 것을 주었다.

정신이 든 백인이 그 인디언 추장을 보는 순간 깜짝 놀라자

그 인디언이 빙그레 웃으며

"당신이 나에게 한 것처럼 내가 당신에게 했더라면

당신은 벌써 이 세상 사람이 아닙니다."

성경은 이것을 긍휼이라고 말한다.

4

인생 지혜 소망

어린이 날에 생각할 것들

아이를 훈계하지 아니하려고 하지 말라 채찍으로 그를 때릴지라도 그가 죽지 아니하리라 네가 그를 채찍으로 때리면 그의 영혼을 스올에서 구원하리라 내 아들아 만일 네 마음이 지혜로우면 나 곧 내 마음이 즐겁겠고 만일 네 입술이 정직을 말하면 내 속이 유쾌하리라 네 마음으로 죄인의 형통을 부러워하지 말고 항상 여호와를 경외하라 정녕히 네 장래가 있겠고 네 소망이 끊어지지 아니하리라

(잠언 23장 13-25절)

"어린이는 나라의 보배"

"어린이는 어른의 거울" 등

어린이날이 되면 무수히 많은 어린이 예찬들이 쏟아져 나온다.

그러나 과연 어린이가 나라의 보배로서

누구에게나 존귀히 여김을 받고 있는 것일까?

과연 어린이는 어른의 미래로서

당당히 세워져 가고 있는 것일까?

그러나 이 물음 앞에

누구도 그렇다고 대답할 사람은 없을 것이다.

사실 이 나라의 어린이들은

맘껏 놀지 못하고

자고 싶을 때 맘껏 자지 못하고,

먹고 싶을 때 맘껏 먹지 못한 채

부모님의 스케줄에 따라

일정을 소화해 내기에도 매일 매일이 벅차다.

이것이 현실이다.

그런데도 해마다 어린이날이 되면

여기저기서 마치 어린이만을 위해서 살아온 듯한 분들이

그럴싸한 이야기들로 세상을 흥분시킨다.

과연 그러할까? 어린이는 정말로 우리의 미래이며,

어린이는 과연 이 나라의 보배일까?

그렇다.

어린이는 진정 우리의 보배이며,

우리의 희망이며, 우리의 행복이며, 우리의 사랑이다.

따라서 꼭 하루를 지정하여 어린이날이라고

떠들썩하게 요란 떨지 말고

평소에 어린이날의 절반이라도

어린이를 생각해 주었으면 좋겠다.

이 어린이날에 다 같이 한번 생각해 보자.

우리가 어린이에게 배울 것은 없는가?

그리고 어른으로서 가르쳐야 할 것은 무엇이겠는가?

우선 기성세대는 어린이들에게서 천국을 배워야 한다.

아이들은 아무리 못난 부모일지라도 그들을 철저하게 신뢰한다.

그래서 부모님이 계시는 한 아무 걱정을 하지 않는다.

부모님을 두고서 무엇을 먹을까 무엇을 마실까 무엇을 입을까

염려하는 어린이를 본 적이 있는가?

쓸데없는 근심걱정은 버리고

하나님을 신뢰하는 법을 아이에게서 배우라.

그리고 마땅히 행할 길을 아이에게 가르치라.

선과 악이 무엇이며 옳고 그름이 무엇인지를…

불효자의 종말

사람에게 완악하고 패역한 아들이 있어 그의 아버지의 말이나 그
어머니의 말을 순종하지 아니하고 부모가 징계하여도 순종하지 아
니하거든 그의 부모가 그를 끌고 성문에 이르러 그 성읍 장로들에
게 나아가서 그 성읍 장로들에게 말하기를 우리의 이 자식은 완악
하고 패역하여 우리 말을 듣지 아니하고 방탕하며 술에 잠긴 자라
하면 그 성읍의 모든 사람들이 그를 돌로 쳐죽일지니 이같이 네가
너희 중에서 악을 제하라 그리하면 온 이스라엘이 듣고 두려워하리
라

(신명기 21장 18-21절)

이 세상에 있는 모든 이야기들 중에

어머니의 이야기보다 우리를 더 감동시키는 이야기는 없다.

어머니는 그 이름만으로도 감동이 되고

그 이름만으로도 충분히 가슴이 뭉클하다.

어머니가 안 계시는 세상!

어머니가 안 계시는 부엌!

어머니가 안 계시는 거실!

상상만으로도 고통과 외로움과 눈물천지다.

마음은 늘 효도하고 싶은데 그 마음조차도 잠시 뿐!

전혀 돌아보지 못하고 살아온 날들이 송구하다.

이렇게 어버이주일이 되면 죄송한 마음만 더할 뿐,

늘 불효하고 있는 내 모습이 답답하기만 하다.

잠시 후면 내 곁을 떠나신다는 것도 알고

한번 떠나가시면 이 땅에서

다시는 뵈올 수 없다는 사실도 다 알면서

바쁘다는 이유 하나만으로

전혀 부모님을 헤아려드리지 못함이 안타깝기만 하다.

흔해 빠진 과일 한 조각이라도 콕 찍어 드리면 좋으련만

남들에겐 그 흔한 인심이

왜 부모님에겐 이다지도 어려운 것일까?

없어서 못 잡수시는 것이 아니라

아까워서 못 드시는 부모님에게

잘 익은 딸기라도 한 접시 깨끗이 씻어 대접해 드리고 싶다.

이 마저도 세상을 떠나시면 해드릴 수 없는 것을…

제간에는 부모님께 잘한다고 하면서도

꼬박꼬박 말대꾸하며

듣기 싫은 말만 골라서 하는 자녀들도 있다.

이 또한 늙으신 부모님 마음에

못을 박는 행동임을 왜 모르는지…

성경은 불효자들의 종말이 어떠한가를 잘 말해주고 있다.

노아의 아들 함은 저주를 받았고,

다윗의 아들 압살롬은 전쟁터에서 죽었다.

그리고 제사장 엘리의 아들들도 전장에 나가 죽었다.

결국 불효자가 잘 될 수 없다는 것은

동서양을 막론하고 같은 결론이었다.

쪼글쪼글 주름진 어머님의 얼굴이 유난히도 그리운 것은

오늘이 꼭 어버이주일이기 때문만은 아닐 것이다.

어
느
새
찾
아
온
중
년

내 날이 기울어지는 그림자 같고 내가 풀의 시들어짐 같으니이다
여호와여 주는 영원히 계시고 주에 대한 기억은 대대에 이르리이다
주께서 일어나사 시온을 긍휼히 여기시리니 지금은 그에게 은혜를
베푸실 때라 정한 기한이 다가옴이니이다

(시편 102편 1-28절)

사람들은 자신도 모르게

"아 인생이 허무하다." "세월이 정말 빠른 것 같다."

라는 말들을 무심결에 내뱉는다.

이는 세월의 흐름! 즉 세월의 빠름의 정도를

감지하고 있다는 말이다.

이러한 느낌은 아무나 갖는 것이 아니다.

흔히 하는 말로 "살 만큼 산 사람"

즉 연륜이 깊은 사람만이 할 수 있는 말이다.

인생의 여러 시기 가운데

가장 예민하고 상처받기 쉽고 소중한 시기가

"사춘기와 중년기"이다.

중년이란 흔히들 35세부터 50세까지라고 한다.

그리고 65세까지를 에프터 중년이라고 한다.

이 시기는 가장 치열한 인생의 영욕을 경험하며,

소싯적부터 갈고 닦은 모든 것을 걸고

인생의 성공과 실패를 담금질하는 민감하고 비중 있는 시기다.

어쩌면 중년은 노년으로 가는 길목에서

자신의 지나온 인생을 돌아보며,

이제 마지막 남은 인생을 어떻게 살아가야할 지를

최종적으로 확정짓는 마지막 정리기간이라고도 할 수 있다.

이른 새벽 어슬렁거리며 집 주위를 걷거나,

평소에 안 하던 산책이나 등산에 관심이 간다면

이미 중년에 들어 선 증거이다.

눈이 침침해 오고, 어깨도 아파오고,

뱃살은 자꾸 모아지는데 힘은 없다.

중년인 증거다.

나는 안 늙을 줄 알았는데 라는 안타까운 소리는

세상 모든 사람이 다 하는 만국 통용어이고,

희끗희끗 머리가 세는 게 보이면

이제 만사를 제쳐 두고 자신을 돌아볼 때임을 알아야 한다.

정말 이대로 살아도 되는 건지,

지금까지 살아온 인생이 후회 없는 것이었는지

사춘기가 급격한 신체적 발달의 변화를 가져오는 시기라면

중년기는 급격한 육체적 쇠함을 가져오는 시기이다.

이때 찾아오는 허무함과 고독감을 무엇으로 치료할 것인가?

이제 솔직한 눈으로 자신을 돌아보며

절대자에게 눈을 돌리자.

어차피 우리 인생은

그 분에게 돌아가도록 설계되어 있기 때문이다.

행복하게 살아야 합니다

여호와 하나님이 땅의 흙으로 사람을 지으시고 생기를 그 코에 불어넣으시니 사람이 생령이 되니라 여호와 하나님이 동방의 에덴에 동산을 창설하시고 그 지으신 사람을 거기 두시니라 여호와 하나님이 그 땅에서 보기에 아름답고 먹기에 좋은 나무가 나게 하시니 동산 가운데에는 생명나무와 선악을 알게 하는 나무도 있더라

(창세기 2장 7-9절)

힘들 때마다 어려울 때마다

사람들은 다가올 꿈 같은 날들을 생각한다.

설령 꿈 같은 날들이 영원히 주어지지 않는다 할지라도

꿈을 꾸는 것만으로 위로를 삼고 소망을 삼는다.

그러나 막연하게 그런 날들을 기다리는 것으로

인생을 낭비할 수는 없다.

왜냐하면 우리 인생은 행복하게

살아야 할 의무가 있기 때문이다.

맨 처음 사람을 만드신 창조주께서는 자신의 피조물이

가장 행복할 수 있는 모든 조건을 완벽하게 갖추어 주셨다.

온 우주 만물 안에 에덴을 건설하시고

그 안에 '여자' 라고 하는 이성을 창조하셔서

사람으로 하여금 가장 완벽한 행복을 누리도록 하셨다.

그러나 그 완벽한 환경 가운데서

꿈 같을 줄 알았던 인간의 행복은

그리 오래지 않아 깨지고 말았다.

한 번 깨진 행복은 회복될 줄 모른 채

점점 더 아프고 괴로운 날들의 연속이었다.

오늘도 얼마나 많은 사람들이

에덴에서 상실된 행복을 꿈꾸며 헛되게 살아가는지 모른다.

만지면 만져질 것만 같은 행복!

그러나 그건 신기루와도 같은 것이다.

결국은 인생은 행복이라는 환상을 좇아

일생을 낭비하며 살아가고 있는 것이다.

사람의 인생은 단 한 번뿐이다.

그래서 일생이라고 한다.

그런데 그 단 한 번뿐인 소중한 인생이

행복이라는 허상을 좇다가 끝이 난다면 얼마나 허무한 것인가?

인간은 행복해야 할 권리가 있다.

왜냐하면 창조주께서 행복하게 살도록 창조하셨기 때문이다.

그러나 수백, 수천 년을 찾아도 못 찾은

그 행복을 어디서 회복할 수 있겠는가?

성경은 인간이 행복하게 살아갈 수 있는

유일한 길이 있음을 가르쳐 주고 있다.

그 해답은 바로 그 분의 은혜로만 가능하다는 것이다.

그렇다면 지금이 바로

그 분의 은혜를 구해야 되는 때가 아니겠는가?

허무한 인생의 고백

이러므로 내가 사는 것을 미워하였노니 이는 해 아래에서 하는 일이 내게 괴로움이요 모두 다 헛되어 바람을 잡으려는 것이기 때문이로다 내가 해 아래에서 내가 한 모든 수고를 미워하였노니 이는 내 뒤를 이을 이에게 남겨 주게 됨이라 그 사람이 지혜자일지, 우매자일지야 누가 알랴마는 내가 해 아래에서 내 지혜를 다하여 수고한 모든 결과를 그가 다 관리하리니 이것도 헛되도다 이러므로 내가 해 아래에서 한 모든 수고에 대하여 내가 내 마음에 실망하였도다 어떤 사람은 그 지혜와 지식과 재주를 다하여 수고하였어도 그가 얻은 것을 수고하지 아니한 자에게 그의 몫으로 넘겨 주리니 이것도 헛된 것이며 큰 악이로다 사람이 해 아래에서 행하는 모든 수고와 마음에 애쓰는 것이 무슨 소득이 있으랴 일평생에 근심하며 수고하는 것이 슬픔뿐이라 그의 마음이 밤에도 쉬지 못하나니 이것도 헛되도다

(전도서 2장 17~23절)

화장실이 두 개 있는 좋은 집에서 한번 살아보겠다고

평생을 안 먹고 안 입고 안 쓰며 모은 돈으로

널찍한 평수의 아파트 한 채를 산 어떤 사람이

이사하던 날 그 좋은 아파트 화장실에서 미끄러져

뇌진탕으로 죽었다는 이야기를 읽은 적이 있다.

어떻게 재산을 모아 산 집인데

그 집에서 하루도 살아보지 못하고 죽다니

그 인생이야말로 허무하기 이를 데 없는 인생이라고 하겠다.

이토록 허무하게 살다가 죽는 사람이 어디 그 사람뿐이랴?

자동차를 가져보는 것이 평생 소원이던 어떤 여성은

아끼고 아껴서 모은 돈으로 자동차를 사는 데는 성공했는데

그 차를 처음 운전하고 나서는 순간

사랑하는 어린 아들이 엄마가 운전하는 그 차에 치어

죽었다는 슬픈 이야기도 있다.

모두 다 인생을 허무하게 만드는 이야기들이다.

이 땅을 살다간 수많은 사람들중에

가장 호화롭게 인생을 살다간 사람이 유다 왕 솔로몬이다.

그는 가장 지혜로웠고 가장 부자였으며

일천 명의 아내를 거느릴 정도로

부귀영화를 누리며 살았던 사람이다.

남들은 상상도 못할 만큼의 인생을 살았던 그가

말년에 남긴

"헛되고 헛되며 헛되고 헛되니 모든 것이 헛되도다" 라는 말은

새삼 우리로 하여금 인생의 허무함을 돌아보게 하는 말이다.

"모든 육체는 풀이요 그 모든 아름다움은 들의 꽃 같다"는 말씀이

이 가을에 더욱 실감나게 다가온다.

내 인생이 허무하다고 느껴지기 전

인생의 허무함을 최소화하기 위해 애쓰라.

욕심을 접고 살자.

지금까지 살아오면서 나를 만족시킨 것이 세상에 있었던가?

물질, 이성, 권력, 지식, 그 어느 것이 나를 만족시켰는가?

이제 이 허상들을 벗어 던지고

세상을 만드신 창조주 앞에 서라.

그분은 말씀하신다.

"너는 지금까지 나를 위해 무엇을 하였느냐?"

결혼의 진정한 의미

바리새인들이 예수께 나아와 그를 시험하여 이르되 사람이 어떤 이유가 있으면 그 아내를 버리는 것이 옳으니이까 예수께서 대답하여 이르시되 사람을 지으신 이가 본래 그들을 남자와 여자로 지으시고 말씀하시기를 그러므로 사람이 그 부모를 떠나서 아내에게 합하여 그 둘이 한 몸이 될지니라 하신 것을 읽지 못하였느냐 그런즉 이제 둘이 아니요 한 몸이니 그러므로 하나님이 짝지어 주신 것을 사람이 나누지 못할지니라 하시니 여짜오되 그러면 어찌하여 모세는 이혼 증서를 주어서 버리라 명하였나이까 예수께서 이르시되 모세가 너희 마음의 완악함 때문에 아내 버림을 허락하였거니와 본래는 그렇지 아니하니라 내가 너희에게 말하노니 누구든지 음행한 이유 외에 아내를 버리고 다른 데 장가 드는 자는 간음함이니라

(마태복음 19장 3-9절)

바다로 갈 때는 한 번 기도하고,

전쟁터로 나갈 때는 두 번 기도하고,

결혼식장에 나갈 때는 세 번 기도하라는 서양 격언이 있다.

결혼이 삶의 영역에서 차지하는 비중이

그만큼 크다는 말일 것이다.

결혼은 중요한 것이다.

왜냐하면 지금까지와는 전혀 다른

또 다른 인생의 출발이기 때문이다.

따라서 결혼생활이 어떤가에 따라

그 사람의 행복지수와 삶의 무게가

전혀 다르게 나타나는 것이다.

결혼은 부모를 떠나 새로운 가정을 이루는 것이다.

이 말은 부모님으로부터의 독립을 의미한다.

부모님으로부터의 독립이란

모든 물질적, 정신적 도움을 포기하는 것을 말한다.

그리고 결혼은 아내와의 연합을 말한다.

두 장의 종이를

한 장으로 붙이는 것 같은 행위를 연합이라고 한다.

마치 붙어 있는 종이를 떼면

두 장의 종이가 다 찢어지는 것처럼

한 번 결혼하면 다시는 분리될 수 없다는 뜻이다.

찢어져서도 안 되고 다시는 찢어질 수도 없으며,

그 사이에 누구도 끼어 들 수 없는 것이 결혼이다.

그리고 결혼은 두 사람이 한 몸을 이루는 것이다.

이러한 하나 됨을 통하여 자녀가 생산되고

그 자녀들이 우리가 사는 세상의 미래를 만들어 가는 것이다.

결국 결혼이란 우리의 삶에

진정한 행복과 풍성한 기쁨을 주는

아름다운 선물이라고 하겠다.

그런데 요즘 많은 가정들이 위기를 맞고 있다.

그래서 마땅히 누려야 할 기쁨과 행복이 깨어지고 있다.

무엇 때문인가?

무엇이 우리들의 가정을 흔들어 놓고 있는가?

십자가 앞에서 회복되지 못할 가정은 없다.

그리스도의 보혈이 용서하지 못할 허물은 없다.

그분의 사랑으로 지금 위기에 처한 우리의 가정을 세워가라.

그리스도의 치유의 은총이

구하는 모든 자에게 임하신다는 사실을 세상으로 알게 하라.

사춘기의 아이를 어찌 대해야 하는가?

그의 부모가 해마다 유월절이 되면 예루살렘으로 가더니 예수께서 열두 살 되었을 때에 그들이 이 절기의 관례를 따라 올라갔다가 그 날들을 마치고 돌아갈 때에 아이 예수는 예루살렘에 머무셨더라 그 부모는 이를 알지 못하고 동행 중에 있는 줄로 생각하고 하룻길을 간 후 친족과 아는 자 중에서 찾되 만나지 못하매 찾으면서 예루살 렘에 돌아갔더니 사흘 후에 성전에서 만난즉 그가 선생들 중에 앉으사 그들에게 듣기도 하시며 묻기도 하시니 듣는 자가 다 그 지혜와 대답을 놀랍게 여기더라 그의 부모가 보고 놀라며 그의 어머니는 이르되 아이야 어찌하여 우리에게 이렇게 하였느냐 보라 네 아버지와 내가 근심하여 너를 찾았노라 예수께서 이르시되 어찌하여 나를 찾으셨나이까 내가 내 아버지 집에 있어야 될 줄을 알지 못하셨나이까 하시니 그 부모가 그가 하신 말씀을 깨닫지 못하더라 예수께서 함께 내려가사 나사렛에 이르러 순종하여 받드시더라 그 어머니는 이 모든 말을 마음에 두니라 예수는 지혜와 키가 자라가며 하나님과 사람에게 더욱 사랑스러워 가시더라

(누가복음 2장 41-52절)

사춘기라는 말의 의미는 봄을 생각한다(思春)는 말이다.

그러나 단순히 봄을 생각하는 것을

사춘이라고는 말하지 않는다.

인생에 있어서 2차 성징(性徵)이 나타나는 시기를

사춘기라고 한다.

이는 이제부터 아이를 낳을 수 있는 성인이 되었다는 뜻이다.

그래서 이 시기가 되면

사내아이들은 목젖이 튀어나오고 목소리가 변성기에 접어든다.

반면에 여자 아이들은 몸의 곡선이 생기며

아름다움에 대해 관심을 가지게 된다.

이 시기의 특징 중 하나라면

쉬지 않고 계속되는 반항이며 언제일지 모르는 돌출행동이다.

이유도 없이 괜히 반항하며

끊임없이 갈등하며

누군가의 도움에서 벗어나 이제 독립을 하고 싶은 시기이다.

아직 어린아이면서도

스스로는 결코 어린아이가 아니라고 믿고 살아가는

어리석은 집단들이 사춘기의 무리들이다.

이 무렵이 되면

이제 부모님의 슬하에서 벗어나 독립하고 싶고,

심리적으로도 누군가의 간섭이 싫어

독립을 원하지만 아직은 그럴 능력이 없는 나이,

즉 인생으로 친다면 봄을 생각하는 나이라고 할 수 있다.

이들을 지도하는 방법은 오직 사랑뿐이다.

사랑 안에서 믿음을 심어주고 꿈을 먹고 자라게 해야 한다.

이들의 문화를 이해하고

이들에게 꼭 필요한 것이 무엇인지를

늘 생각하며 지원해야 한다.

방황의 시기, 갈등의 시기,

항상 문제를 일으킬 소지가 있는 이 사춘기를 위해

끊임없이 투자하고 이들을 수용하는 것이

사춘기를 보내는 자녀들을 가장 훌륭하게

키워내는 길이 될 것이다.

오늘도 뭔지 모를 불편한 심기를 툭 내민 입술에

유감없이 드러낸 채

사춘기를 맞은 우리의 자녀들은

거침없이 우리를 향해 몰려온다.

인생은 나그네

요셉이 자기 아버지 야곱을 인도하여 바로 앞에 서게 하니 야곱이
바로에게 축복하매 바로가 야곱에게 묻되 네 나이가 얼마냐 야곱이
바로에게 아뢰되 내 나그네 길의 세월이 백삼십 년이니이다 내 나
이가 얼마 못 되니 우리 조상의 나그네 길의 연조에 미치지 못하나
험악한 세월을 보내었나이다 하고 야곱이 바로에게 축복하고 그 앞
에서 나오니라 요셉이 바로의 명령대로 그의 아버지와 그의 형들에
게 거주할 곳을 주되 애굽의 좋은 땅 라암셋을 그들에게 주어 소유
로 삼게 하고 또 그의 아버지와 그의 형들과 그의 아버지의 온 집에
그 식구를 따라 먹을 것을 주어 봉양하였더라

(창세기 47장 7-12절)

언제부턴가 사람들은 자신의 인생에 대해

자신이 책임을 져야한다는 생각을 하고 있다.

그리고 지금은 누구나가 다 자신의 인생에 대해

제법 책임을 질 것 같은 분위기다.

그래서 다들 열심히 일하고 열심히 살아간다.

밤잠을 설치는 것은 예사이고

때론 끼니를 거르면서까지 일에 몰두한다.

어차피 한 번 사는 인생인데

남들보다 멋지고 훌륭하게 살고 싶은

욕망의 표현이라 하겠다.

그래서인지 대충대충 살아가는 사람들을 보면

안쓰럽고 한심해 보인다.

저렇게 살다간 인생 망친다는 생각에서다.

그러나 또 한편에서는 인생을 나그네로 본다.

그래서 인생을 나그네에 비유한 노래도 나오고

어디서 왔다가 어디로 가는 것이 인생인지에 대한

질문들도 심심찮게 등장하고 있다.

그러나 누구도 인생에 대한 정확한 정의를 내리지 못하고
또 시대에 따라 그렇게

적당히 적응하면서 사는 것이 인생인 것처럼 되어버렸다.

그래서 세상에는 정말 나그네처럼 살아가는 사람이 있고

이 땅에 뿌리내리고 천 년 만 년 살 것처럼

살아가는 사람도 있다.

문제는 지금 내가 어떤 생각으로 인생을 살아가고 있느냐이다.

야곱이라고 하는 이스라엘의 조상이 있었다.

후손들이 그 조상 야곱의 이름이었던

이스라엘이라는 이름을 국호로 정할 만큼

야곱은 대단한 사람이었다.

그러나 그는 당대 최고의 권력자였던 이집트의 바로 앞에서

자신의 인생을 회고하면서

"내 나그네 길의 세월이 일백 삼십 년입니다.

내 나이가 얼마 못되니

우리 조상의 나그네 길의 연조에 미치지 못하나

험악한 세월을 보냈습니다"라고 했다.

자신은 물론이며

조상들까지도 다들 나그네였음을 인정하는 대목이다.

어찌 야곱뿐이겠는가?

우리 역시도 이 세상을 살아가는 동안에는

어쩔 수 없는 나그네임을 결코 잊지 말아야 할 일이다.

나
는
날
마
다
죽
노
라

형제들아 내가 그리스도 예수 우리 주 안에서 가진 바 너희에 대한
나의 자랑을 두고 단언하노니 나는 날마다 죽노라

(고린도전서 15장 31절)

"인생은 어리석은 것, 나도 어리석었지.

이 세상 향락에 취하고 이 세상 욕심에 취하고

죽음의 소리를 들으면서도 아무런 생각 없이

나는 지금까지 살아왔노라."

이상은 러시아의 문호 톨스토이의 고백이다.

아무런 생각 없이 그날의 인생에 취해 죽음을 향해 가고 있는

어리석은 인간을 향해 던진 톨스토이의 말이다.

사람들은 자신이 살기 위해서 열심히 살아야 한다고 생각한다.

그러나 열심히 살아가는 그것은

어찌 보면 열심히 죽음을 향해 전진하고 있다는 말과

같은 것이다.

삶은 곧 죽음을 향해 가는 것이기 때문이다.

그래서 아무리 열심히 살았던 사람도

결국은 죽음 앞에 서게 되고,

아무리 대충 살았던 사람도 끝내는 죽음 앞에 서게 되는 것이다.

문제는 누가 더 빨리 죽음에 이르렀느냐? 가 아니라

누가 얼마나 더 자신의 죽음을 잘 준비하며 살아왔느냐?

하는 것이다.

그런데 사람들은 영문도 모른 채 바쁘게 살고 있고

그만큼 바쁘게 죽음을 향해 달려가고 있다.

자신이 왜 바쁘게 살아야 하는지 이유도 모른 채…

바울이라고 하는 위대한 사상가가 있었다.

그는 철학자요 율법학자였다.

사람들로부터 차세대 지도자로서

그 능력을 인정받았던 사람이었다.

그도 역시 바쁘게 살았다.

영문도 모르고 이유도 모른 채…

그러다가 그는 자신을 돌아볼 수 있는

결정적인 사건을 경험하였다.

그 후로 그는 전보다 더 바쁘게 살았다.

그러나 그는 자신이 왜 바쁘게 살아야 하는지

그 이유를 알고 있었다.

그리고 그는 자신의 삶을 향해 이렇게 고백한다.

"나는 날마다 죽노라."

이는 내 육신의 정욕과 인간의 욕심과

세상적인 모든 것이 날마다 죽는다는 말이다.

이 말은 날마다의 죽음을 통해

주께로 간다는 고백인 것이다.

결국 그는 삶을 통해 죽음을 준비한 위대한 사람이었던 것이다.

사람은 일생을 입으로 산다.

말의 힘

사람은 입에서 나오는 열매로 말미암아 배부르게 되나니 곧 그의
입술에서 나는 것으로 말미암아 만족하게 되느니라 죽고 사는 것이
혀의 힘에 달렸나니 혀를 쓰기 좋아하는 자는 혀의 열매를 먹으리
라

(잠언 18장 20-21절)

입으로 먹고 입으로 말하며 살기 때문이다.

말이 마음에 있으면 사상이요

말이 입을 통해 전달되면 언어요

말이 생각 속에 고정되면 뜻이요

말이 행동으로 표출되면 행위라고 한다.

그러므로 말은 곧 인격이요 삶이요 사상이요 운명이다.

사람들은 내가 말한 만큼 행복해질 수 있으며

말한 만큼 성공할 수 있다.

따라서 내가 무슨 말로

인생을 살아야 하는가는 매우 중요한 일이다.

말은 씨가 되어 열매를 맺는다.

그래서 말은 기도적 의미가 있다고 할 수 있다.

그러므로 공석이든 사석이든

말을 조심해야 하는 것은 당연한 일이다.

그래서 자녀들에게 매몰찬 말을 해서도 안 되고

남편이나 아내를 향해 끝이 드러나는 말을 해서도 안 된다.

왜냐하면 말은 그 열매가 나타나기 때문이다.

결국 내가 쓰고 있는 말이

나의 인생을 결정하는 수단이 되고 있는 것이다.

데이는 〈세 황금 문〉이라는 글에서

사람이 어떤 말을 하든지 세 문을 통과해야 한다고 했다.

첫째 문은 참말이냐? 하는 것을 생각하는 문이며,

둘째 문은 필요한 말인가를 생각하는 문이며,

셋째 문은 친절한 말인가를 생각하는 문이다.

결국 사람이 근거 없는 말을 함부로 해서는 안 되며,

참말이라 할지라도 불필요한 말을 해서는 안 되며,

필요한 말일지라도 친절하게 말할 때만

말로써 가치가 있다는 것이다.

성경은 말에 대하여 이렇게 기록하고 있다.

"무릇 더러운 말은 너희 입 밖에도 내지 말고

오직 덕을 세우는데 소용되는 대로 선한 말을 하여

듣는 자들에게 은혜를 끼치게 하라"(엡 4:29)

우린 할 말이 참 많은 사람들이다.

가슴에 묻어두고는 터질 것 같아 못 참는 사람들이다.

아무리 그럴지라도 내가 하는 말이

어떤 결과를 가져올 것인가를 생각하고

신중하게 말할 수 있으면 좋겠다.

자녀는 축복하는 대로 됩니다

이삭이 이르되 내게로 가져오라 내 아들이 사냥한 고기를 먹고 내 마음껏 네게 축복하리라 야곱이 그에게로 가져가매 그가 먹고 또 포도주를 가져가매 그가 마시고 그의 아버지 이삭이 그에게 이르되 내 아들아 가까이 와서 내게 입맞추라 그가 가까이 가서 그에게 입맞추니 아버지가 그의 옷의 향취를 맡고 그에게 축복하여 이르되 내 아들의 향취는 여호와께서 복 주신 밭의 향취로다 하나님은 하늘의 이슬과 땅의 기름짐이며 풍성한 곡식과 포도주를 네게 주시기를 원하노라 만민이 너를 섬기고 열국이 네게 굴복하리니 네가 형제들의 주가 되고 네 어머니의 아들들이 네게 굴복하며 너를 저주하는 자는 저주를 받고 너를 축복하는 자는 복을 받기를 원하노라

(창세기 27장 25-29절)

230

사람이라면 누구나가 내 자식이 잘되기를 바라며

내 자식이 남보다 뛰어난 자녀가 되기를 원한다.

그런데 문제는 마음이 그렇다는 것뿐이며

어떻게 하는 것이

정말 자녀를 위하는 것인지를 모른다는 것이다.

자녀를 키울 때 가장 소중한 것은 자녀를 축복해 주는 것이다.

부모의 인정과 축복을 받고 자라면 정서적으로 건강해진다.

오늘날 많은 가정들이 어려움을 겪고 있는 것은

과거에 축복과 인정을 받지 못하고

자란 것이 가장 큰 원인이라고 한다.

그러므로 부모님의 축복 없이

어린 시절을 보낸 것처럼 불행한 일은 없고

부모님의 축복을 넉넉히 받고 자란 경험처럼

자녀에게 소중한 경험은 없다.

그러므로 기회가 있을 때마다

자녀를 위해 맘껏 축복해 주어야 한다.

그 축복은 부모가 자녀에게 남긴 가장 위대한 유산이다.

특별히 사랑하는 자녀들에게 남을 배려하는 삶과

헌신하는 삶을 가르쳐야 한다.

드릴 줄 모르고 베풀 줄 모르는 인색한 삶은

축복된 인생을 방해하는 장애요인이다.

그리고 자녀와 깊은 만남을 가져야 한다.

자녀와 입맞춤하고 꼬옥 안아주고 손을 잡아주는 것은

부모의 축복을 자녀에게 전달하는 중요한 통로가 된다.

가능하면 축복의 말을 많이 해주어야 한다.

가정에서 침묵하려 하지 말라.

가정에서의 침묵은 다른 식구들에게 상처를 주고

불안하게 만드는 폭력이다.

무엇보다 자녀의 가치를 인정하고 인격을 존중해서

부모님의 감정에 대한 희생양이 되지 않도록 해야 한다.

이것이 진짜 축복이다.

일이 안 풀리고 사는 것이 힘들고 마음이 심란하다고 해서

자녀에게 화를 내고 짜증을 내고 매를 드는 것은

부모의 미성숙과 무능을 드러내는 부끄러운 일이다.

자녀의 가능성을 격려해 주고

자녀의 영혼 속에 긍정적인 믿음을 주는 말을 해야 한다.

자녀는 부모가 축복하는 대로 된다는 것을 명심해야 한다.

힘들고 어려워도
효도는 해야 합니다

그러므로 다윗이 그 곳을 떠나 아둘람 굴로 도망하매 그의 형제와 아버지의 온 집이 듣고 그리로 내려가서 그에게 이르렀고 환난 당한 모든 자와 빚진 모든 자와 마음이 원통한 자가 다 그에게로 모였고 그는 그들의 우두머리가 되었는데 그와 함께 한 자가 사백 명 가량이었더라 다윗이 거기서 모압 미스베로 가서 모압 왕에게 이르되 하나님이 나를 위하여 어떻게 하실지를 내가 알기까지 나의 부모가 나와서 당신들과 함께 있게 하기를 청하나이다 하고 부모를 인도하여 모압 왕 앞에 나아갔더니 그들은 다윗이 요새에 있을 동안에 모압 왕과 함께 있었더라

(사무엘상 22장 1-4절)

사람에게서 가장 아름다운 모습 중에 하나가

부모님을 향해 효도하는 모습일 것이다.

그리고 효도는 어느 특정한 날에만 국한되는 것이 아니라

일 년 내내 쉬어서는 안 되는 가장 아름다운 자녀의 도리이다.

많은 사람들이 어버이날 부모님 가슴에

카네이션 꽃 한 송이 달아드리는 것으로

할 일을 다 한 것처럼 여긴다.

거기다가 용돈이라도 몇 푼 얹어드리면

정말 대단한 일을 했다고 생각한다.

그러나 그건 부모님이 베푸신 사랑과 희생에 비하면

아무것도 아니다.

어떤 사람은 어릴 적에 부모님께 매를 맞았다거나

호되게 꾸중을 들었다거나 섭섭한 일로 인해

평생 가슴에 상처를 입고 살아가는 이들이 있다.

그런 사람들에게 말해 주고 싶다.

당신들이 부모님께 상처를 받았다면

당신들의 부모님은 당신들이 준 상처로

그 마음이 녹아내렸을 거란 생각은 왜 하지 못하는가?

성경에는 진짜 효자 한 사람이 있음을 소개한다.

다윗이라고 하는 이 사람은

도망자로 살던 시절에도 부모님을 모시고 있었다.

그는 이스라엘 왕 사울로부터 살아남기 위해

필사적으로 도망을 하여 평소 적국이었던 모압으로 피신하였다.

거기서 그는 전쟁 중에 혹

부모님이 어려운 일을 당할까 염려하여

적국 왕에게 무릎을 꿇고 부모님을 부탁하기도 하였다.

이것이 진짜 효도가 아니겠는가?

부모님을 위해서라면 자신의 체면쯤은

가볍게 던져버릴 수 있는 행동이

효를 실천하는 모습이 아니겠는가?

성경은 이 세상에 있는 모든 자녀들에게 이렇게 명령하신다.

"네 부모를 공경하라

그리하면 네 하나님 여호와가 네게 준 땅에서

네 생명이 길리라."

오래 살기 위함도 아니요

형통하기 위함도 아닌

낳아주시고 길러주신 부모님의 은혜를 생각하는 마음으로

효를 실천하는 것이 자녀의 도리인 것이다.

가정과 천국의 신비

그러므로 사람이 부모를 떠나 그의 아내와 합하여 그 둘이 한 육체가 될지니 이 비밀이 크도다 나는 그리스도와 교회에 대하여 말하노라 그러나 너희도 각각 자기의 아내 사랑하기를 자신 같이 하고 아내도 자기 남편을 존경하라

(에베소서 5장 31-33절)

가정은 사람이 세상에서 경험하는

가장 작은 단위의 공동체이다.

그리고 이 가정은 늘 행복해야 할 의무가 있다.

그런데 성경은 이를 가장 신비로운 것으로 보았다.

남녀의 연합이 신비인 것은

천국의 즐거움과 기쁨을 이 땅에서 맛볼 수 있기 때문이다.

칼 바르트라고 하는 독일의 신학자는

"부부의 관계로 경험할 수 있는

가장 고상하고 고귀한 성취가 있다면

그것은 진실과 헌신으로 하나 되는 것이다"라고 했다.

부부는 자기의 전 존재를 여실히 드러낸다.

그래서 부부의 만남은 진실과 헌신이 있어야 하는 것이다.

그 이상의 진실은 없다.

따라서 부부는 서로 존경과 사랑으로 연합해야 한다.

그러나 육체가 연합되었다고 해서

그것으로 일생을 다 사는 것은 아니다.

육체가 쇠하기 때문이다.

육체가 쇠하면 육체의 연합도 식어진다.

그러므로 부부는 마음까지도 견고하게

연합되어야 하는 것이다.

살다보면 부부가 다툴 수도 있다.

그때 먼저 잘못했다고 손을 내밀 수 있어야 한다.

이것이 머리됨의 원리이며 자기희생인 것이다.

컬럼비아 바이블 칼리지 학장이었던

맥컬리킨이라고 하는 분은

사랑하는 아내가 치매에 걸리자 대학의 학장직을 사임하면서

이렇게 말했다고 한다.

"이제 나는 아내의 곁으로 돌아간다.

42년 전 결혼서약을 할 때 병들 때나 건강할 때나

아내를 돌볼 것을 이미 약속한 것이기에

나는 그 서약을 지키고 싶다.

내 아내가 40년 동안 나를 돌보아 주었기에

이제 내가 그 사람에게 빚을 갚기 위해

아내를 돌보는 것이 아니라

아내에 대한 사랑과 기쁨 때문에 나는 그의 곁으로 간다."

부부의 연합은 천국을 이루는 신비이며

이것은 행복을 얻는 천국의 모형이다.

부부를 머리와 몸으로 비유한 것은

어떤 경우에도 나눌 수 없는 관계이기 때문이다.

이는 행복을 향해가는 동반자이기 때문이다.

성도의 본분

너는 가서 기쁨으로 네 음식물을 먹고 즐거운 마음으로 네 포도주를 마실지어다 이는 하나님이 네가 하는 일들을 벌써 기쁘게 받으셨음이니라 네 의복을 항상 희게 하며 네 머리에 향 기름을 그치지 아니하도록 할지니라 네 헛된 평생의 모든 날 곧 하나님이 해 아래에서 네게 주신 모든 헛된 날에 네가 사랑하는 아내와 함께 즐겁게 살지어다 그것이 네가 평생에 해 아래에서 수고하고 얻은 네 몫이니라 네 손이 일을 얻는 대로 힘을 다하여 할지어다 네가 장차 들어갈 스올에는 일도 없고 계획도 없고 지식도 없고 지혜도 없음이니라

(전도서 9장 7-10절)

사람은 사람으로서 해야 할 도리가 있다.

누가 봐도 "저건 사람이 할 짓이 아니다"라고 한다면

그는 사람의 도리대로 살지 못한 사람일 것이다.

부모는 부모대로의 도리가 있고,

자식은 자식대로의 도리가 있다.

물론 선생은 선생으로서의 도리가 있고

제자는 제자로서의 도리가 있다.

성경은 이를 본분이라고 한다.

따라서 성도는 성도로서의 본분이 있다.

그 본분에서 빗나갈 때 그는 성도라고 할 수 없을 것이다.

그러면 무엇이 성도의 본분이며

성도는 어떻게 살아가야 하는 사람들인가?

우선 성도는 모든 기쁨의 진원지가 되어야 하며

모든 행복의 출발점이 되어야 한다.

성경은 성도를 행해

"너는 가서 기쁨으로 네 식물을 먹고

즐거운 마음으로 네 포도주를 마실지어다"라고 하신다.

이렇듯 그리스도인의 삶은 가장 기본적으로

기뻐하고 즐거워하는 삶이 우선되어야 하는 것이다.

성도는 정말 아름답고 예쁜 마음을 가지려고 노력해야 한다.

그래서 내가 있는 모든 환경을

사랑과 기쁨이 넘치는 곳으로 만들어야 한다.

그런데도 오히려 기쁨을 상실한 채 살아가는

그리스도인들이 있는 것은

그가 하나님의 자녀임을 망각하고

지나치게 세상적인 복을 원하고 있기 때문이다.

또한 그리스도인은 성결한 삶을 살아야 한다.

"네 의복을 항상 희게 하라"고 하시기 때문이다.

교회 안에서의 모습과 교회 밖에서의 모습이

전혀 다른 그리스도인이 있다면

그는 "무엇이든지 주께 얻기를 생각지 말라"고 하신다.

왜냐하면 두 마음을 품은 사람은 정함이 없기 때문이다.

성도는 항상 기도하기를 쉬지 않으며

무슨 일을 하든지 최선을 다해야 한다.

"무릇 네 손이 일을 당하는 대로 힘을 다하여 할지어다"

라고 성경은 말씀하신다.

따라서 최선을 다하는 것은 성도의 본분인 것이다.

나의 가치를 아십니까?

너희는 그 은혜에 의하여 믿음으로 말미암아 구원을 받았으니 이것은 너희에게서 난 것이 아니요 하나님의 선물이라 행위에서 난 것이 아니니 이는 누구든지 자랑하지 못하게 함이라 우리는 그가 만드신 바라 그리스도 예수 안에서 선한 일을 위하여 지으심을 받은 자니 이 일은 하나님이 전에 예비하사 우리로 그 가운데서 행하게 하려 하심이니라

(에베소서 2장 8-10절)

근자에 들어서 가짜 그림 문제로 사회가 들썩이고 있다.

고 이중섭 화백의 유고작품이

어디서 그렇게 갑자기 수백 점이나 나났는지 모르지만

진위 여부로 나라가 시끄럽다.

누구의 작품이냐에 따라 그 값이

천차만별로 나타나기 때문이다.

서로들 자기가 소장한 그림이 진짜라고 우기지만

속속 위작임이 드러나고 있어서

한국의 화단을 바라보는 시각들이 곱지만은 않다.

국민화가로 알려진 화가가 그린 그림 한 점이

수십억 원을 호가하는 세상에서

멀쩡하게 살아 있는 우리의 가치는 과연 얼마나 되며,

나에게 값을 매긴다면 내 몸값은 과연 얼마나 되는 걸까?

설마 내 몸값이 유명화가가 그린 그림 한 점보다도

더 헐값은 아닐는지.

이 장담할 수 없는 사실 앞에서

가슴 아파해야 할지 웃어야 할지 결론을 내릴 수 없어 안타깝다.

사람이 이 세상에 태어나 살아간다는

그 자체만으로도 정말 신비로운 일이라고 할 수 있다.

62억 인구 중에 같은 사람이 하나도 없고

용모와 성품이 각기 다르다는 것만으로도

그 위대함을 말할 수 있지 않겠는가?

금세기 최고의 의사인 폴 브랜드와 필립 얀시는

"나라는 존재가 만들어지기 위해 정자와 난자의 만남이

십조 가운데 하나라는 사실은 기적 중의 기적"이라고

 말하고 있다.

따라서 우린 사람을 대할 때 외모를 가지고

함부로 평가해서는 안 된다.

그것은 그 사람을 만들어주신 창조주에 대한 도전이다.

우리 각 사람에게는 창조주 하나님의 계획이 있고 숨결이 있다.

따라서 사람에게는 누구나 그 사람만의 아름다운 개성이 있다.

그것을 아름답게 보고 그 가치를 인정할 수 있어야 한다.

모든 물건은 지불한 가치에 의해 그 값이 결정된다.

우리는 하나님께서 자신의 전부를 투자해서 사주신 사람들이다.

이보다 큰 가치가 세상에 또 있겠는가?

인생이란 무엇인가?

다윗의 아들 예루살렘 왕 전도자의 말씀이라 전도자가 이르되 헛되고 헛되며 헛되고 헛되니 모든 것이 헛되도다 해 아래에서 수고하는 모든 수고가 사람에게 무엇이 유익한가 한 세대는 가고 한 세대는 오되 땅은 영원히 있도다 해는 뜨고 해는 지되 그 떴던 곳으로 빨리 돌아가고 바람은 남으로 불다가 북으로 돌아가며 이리 돌며 저리 돌아 바람은 그 불던 곳으로 돌아가고 모든 강물은 다 바다로 흐르되 바다를 채우지 못하며 강물은 어느 곳으로 흐르든지 그리로 연하여 흐르느니라 모든 만물이 피곤하다는 것을 사람이 말로 다 말할 수는 없나니 눈은 보아도 족함이 없고 귀는 들어도 가득 차지 아니하도다 이미 있던 것이 후에 다시 있겠고 이미 한 일을 후에 다시 할지라 해 아래에는 새 것이 없나니 무엇을 가리켜 이르기를 보라 이것이 새 것이라 할 것이 있으랴 우리가 있기 오래 전 세대들에도 이미 있었느니라 이전 세대들이 기억됨이 없으니 장래 세대도 그 후 세대들과 함께 기억됨이 없으리라

(전도서 1장 1-11절)

아프리카 탐험 초기에

영국에는 세실 로드와 데이비드 리빙스턴이라고 하는

대표적인 두 사람이 있었다.

로드는 남아프리카에서 황금전쟁을 벌여

수십만 명의 원주민을 학살하고

황금과 다이아몬드를 가져왔으며,

리빙스턴은 신앙 양심을 따라서

노예제도와 침략전쟁을 반대하였다.

그래서 그 당시 영국에서는

두 젊은이에 대한 대조적인 평가가 있었다.

로드는 애국자의 칭호와 작위까지 받으며

대다수 국민들로부터 열광적인 박수를 받았고

리빙스턴은 영국의 반역자라는 소리를 들으며

세인들의 눈총을 받아야 했다.

그러나 그로부터 불과 200년이 지난 지금

로드는 무덤조차 없는데

리빙스턴은 영국의 국립묘지에 안장되어

세계적으로 존경을 받는 인물이 되었다.

무엇이 이들의 인생을 이렇게 다르게 만들었는가?

로드는 황금에 매여서 살았지만

리빙스턴은 하나님께 매여서 살았다.

로드는 세상에서 많은 권세와 부와 향락을 누리며 살았지만

리빙스턴은 온갖 가난과 어려움 속에서도

다른 사람을 섬기며 살았다.

결국 한 사람은 썩어진 것을 거두고

한 사람은 영원을 거둔 것이다.

인생은 그 무엇으로도 만족할 수 없는 존재이다.

인생의 욕망이 얼마나 크고 깊은지

"눈은 보아도 족함이 없고 귀는 들어도 차지 아니 한다"고

지혜자는 말하고 있다.

재물로도 명예로도 이 세상 그 무엇으로도

인생의 욕망을 채울 수는 없다.

또한 인생은 어두운 날도 있고 밝은 날도 있다.

평탄한 길도 있고 가끔씩은 고갯길도 있다.

그런가하면 내리막길도 있다.

비바람이 몰아치는 날이 있는가 하면

포근한 봄날도 있는 것이다.

그러나 이 날들의 주인이 누구인지

우리 인생을 주관하시는 분이 누구인지를 안다면

그분의 뜻대로 사는 것이 가장 현명하고

아름다운 인생이 아닐까?

또 한해가 갔습니다

지혜자들의 말씀들은 찌르는 채찍들 같고 회중의 스승들의 말씀들은 잘 박힌 못 같으니 다 한 목자가 주신 바이니라 내 아들아 또 이것들로부터 경계를 받으라 많은 책들을 짓는 것은 끝이 없고 많이 공부하는 것은 몸을 피곤하게 하느니라 일의 결국을 다 들었으니 하나님을 경외하고 그의 명령들을 지킬지어다 이것이 모든 사람의 본분이니라 하나님은 모든 행위와 모든 은밀한 일을 선악 간에 심판하시리라

(전도서 12장 11-14절)

흐르는 시간을 멈추게 할 수는 없다.

따라서 이 세상 그 누구도

저물어 가는 이 해를 멈출 수는 없다.

게오르규의 「25시」도, 프라스토의 「제8요일」도

인간의 힘으로 어찌할 수 없는 한계 상황 속에서

부정할 수 없는 인간의 한계를 인정하는 것들이라고 할 수 있다.

흐르는 세월이 두려워서가 아니다.

늙어가는 인생이 허무해서가 아니다.

세월 앞에서 아무런 대안도 없이

지나치는 인생이 안타까울 뿐이다.

금년은 영원히 돌아올 수 없는 과거 속에 묻혀 버렸고

이젠 가슴에 묻어둔 기억 속에서

간간히 꺼내 음미할 수밖에 도리가 없다.

눈에 보이지도 않고 손에 잡히지도 않은 시간 속에서

인생은 자신도 모르게 영원을 향해 간다.

그리고 이 시간이 멈춰서는 날!

지나온 날들에 대하여 분명한 심판이 있을 것이다.

흐르는 세월은 나도 모르게 종말을 향해 가는데,

세상과 육신의 정욕을 향해 눈 돌릴 틈이 어디 있는가?

잠시 후에 다다를 시간의 끝 위에서

우린 절대자를 뵈어야 하지 않겠는가?

한 줌 흙으로 사는 인생과
사람으로 사는 인생

여호와 하나님이 땅의 흙으로 사람을 지으시고 생기를 그 코에 불어넣으시니 사람이 생령이 되니라 여호와 하나님이 동방의 에덴에 동산을 창설하시고 그 지으신 사람을 거기 두시니라 여호와 하나님이 그 땅에서 보기에 아름답고 먹기에 좋은 나무가 나게 하시니 동산 가운데에는 생명나무와 선악을 알게 하는 나무도 있더라

(창세기 2장 7-9절)

〈로마신화〉에 등장하는 문간과 아치 길의 수호신으로서

문의 앞뒤를 보는 두 개의 얼굴을 가지고 있는 괴물의

이름을 야누스라고 한다.

두 얼굴을 가졌기에 당연히 두 가지 성품을

지녔다고 할 수 있다.

창조주께서 창조하신 모든 만물 가운데

사람은 가장 행복할 수 있고,

또 가장 행복하도록 창조되어졌다.

원재료가 흙이었기에 재료 자체가 약하고

보잘것없다는 것 말고는

가장 완벽한 피조물이 인간이다.

그런데 문제는 흙에서 출발한 인간이

창조주를 떠나면 흙에 불과하다는 것이다.

창조주께서 흙으로 만든 인간에게

생기를 불어 넣으시기 전까지

인간은 흙덩어리에 불과했다.

따라서 인간은 창조주를 떠나서는

살아갈 수 없는 존재로 만들어졌다는 것이

가장 큰 비밀이라고 하겠다.

그런데 안타깝게도

인간이 아닌 흙으로 살아가기를 원하는 사람들이 너무나 많다.

그들은 창조주의 뜻과는 전혀 무관하게 살아간다.

야누스의 두 얼굴처럼 한 줌 흙덩이에 불과한

또 다른 자신의 모습을 전혀 알지 못하고 있는 것이다.

이들의 삶은 허무일 뿐 전혀 기쁨이 없다는 것이 특징이다.

하긴 흙에게 무슨 기쁨이 있겠는가?

이스라엘이라는 작은 민족이 있었다.

그들은 이집트라고 하는 거대한 나라에서

430년을 노예로 살아야 했다.

이러한 이스라엘의 비참한 현실을 보신 창조주께서

그들을 이집트의 노예에서 해방시켜 자신의 백성을 삼으셨다.

그 후 이스라엘은 광야 40년을 지나 약속의 땅에 들어와

곡식을 심어 그 첫 열매를 거두는 감격을 맛보게 되었다.

이제 더 이상 이집트의 노예가 아니요

광야의 흔들리는 삶도 아닌

약속된 기쁨이 있는 삶이 기대되는 순간이었다.

이스라엘이 이를 기념하고 창조주께 감사를 드린 절기가

바로 맥추절이다.

그러므로 감사가 없는 사람은

자신이 아직도 한 줌 흙에 불과하다는

사실을 알아야 할 것이다.

계절의 변화를 통해서 배워야 할 것들

무화과나무의 비유를 배우라 그 가지가 연하여지고 잎사귀를 내면 여름이 가까운 줄을 아나니 이와 같이 너희도 이 모든 일을 보거든 인자가 가까이 곧 문 앞에 이른 줄 알라 내가 진실로 너희에게 말하노니 이 세대가 지나가기 전에 이 일이 다 일어나리라 천지는 없어질지언정 내 말은 없어지지 아니하리라 그러나 그 날과 그 때는 아무도 모르나니 하늘의 천사들도 아들도 모르고 오직 아버지만 아시느니라 노아의 때와 같이 인자의 임함도 그리하리라

(마태복음 24장 32-44절)

봄비가 제법 촉촉이 내렸다.

아마도 겨울을 마감하는 자연의 몸짓이라는 생각이 든다.

이렇게 겨울이 가면 봄이 오고,

또 봄이 가면 여름이 온다는 사실을

우리는 너무나 잘 알고 있다.

그러나 이렇게 단순해 보이는 계절의 변화를 통해서도

우린 큰 교훈을 얻을 수 있다.

똑같은 빗방울인데도

봄에 내리면 겨울을 마감하는 봄비가 되고

여름에 내리면 장맛비가 되고

가을에 내리면 겨울을 재촉하는 가을비가 되는 것이다.

이것이 자연의 섭리요 우주의 조화이다.

그런데 이러한 자연의 원리들이

우리에게 교훈하는 것은 무엇일까?

그렇다. 계절이 순환하고 있다는 사실이다.

왜 계절은 규칙적으로 순환하는 것일까?

한번쯤은 뒤바뀔 만도 한데

수백 년을 거듭하는 동안 뒤바뀐 적은 단 한 번도 없었다.

이는 계절의 순환이 어쩌면 자연적으로 이루어지는 것이

아닐 수도 있다는 것이다.

자연적으로 이루어지는 것이 아니라면

누군가에 의해 통제되고 있다는 것인데

우리도 모르는 사이 계절의 변화까지도 주장하는 분이

과연 누구일까?

오늘 내린 봄비는 유난히도 촉촉하다.

늘어선 가로등 위에도,

건축 중인 아파트 꼭대기에도,

자동차 바퀴에 튀는 빗물을 피해

펄쩍펄쩍 뛰는 꼬마들의 목덜미에도

보기 좋게 흘러내리는 빗물이 여유 있어서 좋다.

내려도 내려도 빗물 창고가 비지 않는지

오늘따라 봄비가 많이도 내린다.

오늘 이 봄비를 맞으며

겨울이 완전히 가고 있음을 느끼는 수많은 사람들 중에

이 빗방울까지도 누군가에 의해 뿌려지고 있다는 사실을

아는 사람이 몇이나 될까?

우주만물 가운데 너무 작고 초라한 우리까지도

순환하는 계절과 함께 붙들고 인도하시는 분이 계심을

아는 사람이…

인생은 연습이 없어요

여호와의 말씀이 두 번째로 요나에게 임하니라 이르시되 일어나 저 큰 성읍 니느웨로 가서 내가 네게 명한 바를 그들에게 선포하라 하신지라 요나가 여호와의 말씀대로 일어나서 니느웨로 가니라 니느웨는 사흘 동안 걸을 만큼 하나님 앞에 큰 성읍이더라 요나가 그 성읍에 들어가서 하루 동안 다니며 외쳐 이르되 사십 일이 지나면 니느웨가 무너지리라 하였더니 니느웨 사람들이 하나님을 믿고 금식을 선포하고 높고 낮은 자를 막론하고 굵은 베 옷을 입은지라 그 일이 니느웨 왕에게 들리매 왕이 보좌에서 일어나 왕복을 벗고 굵은 베 옷을 입고 재 위에 앉으니라 왕과 그의 대신들이 조서를 내려 니느웨에 선포하여 이르되 사람이나 짐승이나 소 떼나 양 떼나 아무 것도 입에 대지 말지니 곧 먹지도 말 것이요 물도 마시지 말 것이며 사람이든지 짐승이든지 다 굵은 베 옷을 입을 것이요 힘써 하나님께 부르짖을 것이며 각기 악한 길과 손으로 행한 강포에서 떠날 것이라 하나님이 뜻을 돌이키시고 그 진노를 그치사 우리가 멸망하지 않게 하시리라 그렇지 않을 줄을 누가 알겠느냐 한지라 하나님이 그들이 행한 것 곧 그 악한 길에서 돌이켜 떠난 것을 보시고 하나님이 뜻을 돌이키사 그들에게 내리리라고 말씀하신 재앙을 내리지 아니하시니라

(요나 3장 1-10절)

모든 일에 단 한 번의 기회만 제공되어 진다면

얼마나 살벌한 세상살이가 될까?

생각만 해도 두렵고 공포스런 이야기다.

무슨 일에나 단 한 번의 기회만 있다면

실패를 용납지 않는 세상이라는 말이다.

그러나 다행하게도 실패하고 또 실패한다 해도

그 실패를 문제 삼을 사람은 없다.

다만 안쓰럽고 안타까워 차라리 안 보려고 고개를 돌리거나

아니면 어떻게든 도울 방도를 찾아

더불어 살아가려고 하는 것이 우리네 삶이다.

그런데 기회를 주어도 실패만 거듭한다면

어디서 잘못되었는지 한번 생각해 볼 일이다.

세상은 이렇게 엎었다가 일어서기를 반복하는

인간들의 무대라고 할 수 있다.

이렇듯 모든 일에는 반복해서 주어지는 기회가 있는데

유독 단 한 번으로 끝나버리는 것이 있다.

반복할 수도 없고 또 다른 기회조차 주어지지 않은

오직 한 번, 그 단 한 번으로 끝나버리는 것이 있다.

그것이 인생이다. 인생은 연습이 없다.

그래서 처음부터 잘 살아야 하는 것이다.

인생은 사는 만큼 지나가 버린다.

결코 돌이킬 수도 반복할 수도 없다.

후회해도 소용이 없고

마음을 다잡아도 이미 늦어버린 건 어쩔 수 없는 노릇이다.

그래서 수많은 경험자들과 성공한 자들의 이야기에

귀를 기울여야 하는 것이다.

요나라는 사람이 있었다.

그는 여호와 하나님으로부터 명령을 받아

그 명령을 지켜야 하는 중책을 맡은 사람이었다.

그런 요나가 명령권자인 하나님을 떠나

자기 맘대로의 여행을 시작한다.

그 결과 그에게 찾아온 것은 죽음이었다.

그러나 기적적으로 그에겐 또 한 번의 기회가 주어졌다.

그래서 요나는 그 두 번째의 기회를 놓치지 않고 살린다.

그 결과 요나도 살고 이웃도 사는 결과가 주어졌다.

그렇다면 이 시대 우리에게 주어진

다시 한 번의 기회는 무엇일까?

하나님 안에서의 안식

안식일을 기억하여 거룩하게 지키라 엿새 동안은 힘써 네 모든 일을 행할 것이나 일곱째 날은 네 하나님 여호와의 안식일인즉 너나 네 아들이나 네 딸이나 네 남종이나 네 여종이나 네 가축이나 네 문 안에 머무는 객이라도 아무 일도 하지 말라 이는 엿새 동안에 나 여호와가 하늘과 땅과 바다와 그 가운데 모든 것을 만들고 일곱째 날에 쉬었음이라 그러므로 나 여호와가 안식일을 복되게 하여 그 날을 거룩하게 하였느니라

(출애굽기 20장 8-11절)

인종과 나라와 종교와 국경을 초월하여

일주일에 하루를 쉬는 것은

세상 어디서나 볼 수 있는 흔한 일이다.

그러나 일주일에 엿새를 일하고 하루를 쉬는 것이

하나님의 명령으로부터

비롯되었다는 사실을 아는 이는 많지 않다.

세상을 만드신 창조주께서는

엿새 동안 우주 만물을 창조하신 후 제 칠 일에 안식하셨다.

그리고 명령하셨다.

"엿새 동안은 힘써 일할 것이나

제 칠 일은 너의 하나님 여호와의 안식일인즉

너나 네 아들이나 네 남종이나 네 여종이나 네 육축이나

네 문안에 유하는 객이라도 아무 일도 하지 말라."

이것이 일주일에 엿새를 일하고 하루를 쉬는 근거이다.

그런데 이 말은 엿새 동안 일하지 않고 놀아버린 사람에게는

제 칠 일에 쉬는 개념은 적용되지 않는다.

안식은 엿새 동안 열심히 일한 사람에게만 주어지는

신(神)의 축복인 것이다.

신의 명령에 의해 주어진 인간의 안식은

당연히 지켜져야 하는 신언(神言)이다.

이게 무슨 쓸데없는 말이냐고 우습게 넘겨버릴 수도 있지만

신언을 어겼을 때 찾아올 신의 진노를 생각해 보았는가?

사람의 몸은 엿새를 일하고 하루를 휴식해야만

되도록 만들어졌다.

그런데 쉬지 않고 계속 일만 한다면

그 몸은 오래지 않아 망가지고 무너지게 되어 있다.

전혀 예상치 않은 죽음을 맞이하는 사람들이 있다.

원인도 모른 채 갑자기 죽어가는 사람들의 죽음을

돌연사라고 한다.

이들의 공통점은 쉬지 않고 일만 해왔다는 것이다.

창조주의 방법대로가 아닌

자기 맘대로 살아온 데서 온 결과라고 하겠다.

쉬어야 한다.

그것이 인간에게 주어진 삶의 한 부분이다.

휴식도 반드시 필요한 삶의 한 부분임을 잊어서는 안 된다.

보다 나은 미래를 위해

오늘 적당히 쉬는 지혜가 필요하다.

더 큰 것을 위한 투자

천국은 마치 밭에 감추인 보화와 같으니 사람이 이를 발견한 후
숨겨 두고 기뻐하며 돌아가서 자기의 소유를 다 팔아
그 밭을 사느니라

(마태복음 13장 44절)

사람마다 다르긴 하겠지만

그래도 보편적으로 재물을 싫어하는 사람은 없을 것이다.

그것도 어느 날 갑자기 전혀 예상치 않은 재물로 인해

부자가 된다면

이를 굳이 싫다고 소리소리 지르며

반대할 사람은 아마 없을 것이다.

그런데 이런 행운이 우리에게 사실로 다가온다면

정말 당신은 어찌하겠는가?

세상에서 가장 귀한 보물을 발견했는데

그 보물을 아주 헐값에 살 수 있는 기회가

정말 당신에게 주어졌다면 어찌하겠는가?

당연히 다른 물건을 처분해서

그 귀한 보물을 소유하려 들 것이다.

그리고 그건 너무도 당연한 일이다.

그런데 놀랍게도 이런 일들이 이미 우리에게 일어났었다면

믿을 수 있겠는가?

이 세상 그 어떤 진귀한 보물보다 더 귀한

예수 그리스도를 우린 이미 받아들였고

그분의 나라를 우린 이미 소유하였다.

그 엄청난 보배를 소유한 우리에게

이 세상 그 무엇이 더 소중한 것이 있을 수 있겠는가?

그럼에도 불구하고

예수보다 더 소중해 보이는 것들이 눈에 띄고

천국보다 더 가치 있게 보이는 것들이 눈에 보인다면

참으로 심각한 일이 아닐 수 없다.

밭을 갈다가 보화를 발견한 농부는

즉시 달려가 자기의 모든 소유를 다 팔아서

그 밭을 샀다고 했는데,

이 세상 그 무엇과도 비교할 수 없는

예수 그리스도를 소유한 기쁨이

우리의 삶 가운데 나타나지 않는다면

이는 천국을 소유한 사람의 삶은 아니다.

아니면 아직 예수 그리스도를 소유하지 못한 사람일 것이다.

이제 지금까지 우리가 고집하던 삶의 방식을 버리고

세상에서 가장 진귀한 보물이신

예수 그리스도를 소유한 기쁨을 누리며 살아야 한다.

그때, 사람들은 우리의 모습 속에서

천국을 향한 투자를 결심하게 될 것이다.

하나님이 원하시는 곳으로 가는 사람들

모세가 여호와께로 다시 나아가 여짜오되 슬프도소이다 이 백성이 자기들을 위하여 금 신을 만들었사오니 큰 죄를 범하였나이다 그러나 이제 그들의 죄를 사하시옵소서 그렇지 아니하시오면 원하건대 주께서 기록하신 책에서 내 이름을 지워 버려 주옵소서 여호와께서 모세에게 이르시되 누구든지 내게 범죄하면 내가 내 책에서 그를 지워 버리리라 이제 가서 내가 네게 말한 곳으로 백성을 인도하라 내 사자가 네 앞서 가리라 그러나 내가 보응할 날에는 그들의 죄를 보응하리라 여호와께서 백성을 치시니 이는 그들이 아론이 만든 바 그 송아지를 만들었음이더라

(출애굽기 32장 25-35절)

학교에서 필리핀으로 수학여행을 가게 되어

여러 곳을 둘러보는 중에 따가이 따이라고 하는

활화산(活火山)을 구경할 기회가 있었다.

세계에서 제일 작은 활화산이라고 하는데,

섬 여기저기에서는 마치 용암을 분출하려는 듯

모닥불 연기 같은 가스가 새어나오고 있었다.

이 소중한 장관을 구경하기 위해

난생 처음으로 말(馬)을 타고

산꼭대기를 향해 트래킹을 하게 되었다.

익숙지 못한 탓인지 말이 제 멋대로 간다.

그렇게 억지로 정상에 올랐다.

분화구에 고인 연못에는 하늘을 닮은 듯한

파란 색의 물이 가득했는데

여기저기서 용암가스가 새어 나와

보글보글 기포가 일어나고 있었다.

정말 장관이었다.

이 아름다움을 뒤로 하고 이제 산을 내려와야 했다.

그런데 올라올 때와는 다르게 말이 말을 잘 듣는다.

그래서 평지에서는 달리고

가파른 길에서는 조심조심 천천히 산을 내려왔다.

나도 모르는 사이 말은 내가 원하는 방향으로

가고 있었던 것이다.

성경은 이스라엘의 신(神) 야훼께서

원하시는 것이 있음을 가르쳐 준다.

그런데 사람들 중에는 야훼께서 원하시는 대로 사는 사람과

자기가 원하는 대로 사는 사람들이 있다.

그리고 야훼께서 원하시는 곳으로 가는 사람들과

전혀 반대의 방향으로 고집 피우며

제 맘대로 가는 사람들이 있다.

이들의 결과보다 중요한 것은

지금 현재 야훼께서 원치 않는 방향으로 가고 있다면

그건 하나님을 심히 불쾌하게 만드는 일이라는 것이다.

마치 등 위에 올라앉아 있는 사람의 뜻보다는

자기가 원하는 방향으로 고집부리며 올라가던

따가이 따이의 조랑말처럼 말이다.

내가 아닌 하나님께서 원하시는 곳으로 가는 사람만이

최후의 승자가 될 수 있음을 알아야 한다.

그리고 이것은 진리라는 사실도 알아야 한다.

겸손하면 성공합니다

여호와께서 번제와 다른 제사를 그의 목소리를 청종하는 것을 좋아
하심 같이 좋아하시겠나이까 순종이 제사보다 낫고 듣는 것이 숫양
의 기름보다 나으니 이는 거역하는 것은 점치는 죄와 같고 완고한
것은 사신 우상에게 절하는 죄와 같음이라 왕이 여호와의 말씀을
버렸으므로 여호와께서도 왕을 버려 왕이 되지 못하게 하셨나이다
하니

(사무엘상 15장 10-23절)

전혀 예상치 않았던 어떤 행운이나 성공이 현실로 다가왔을 때
사람들은 오히려 당황해 하며 겸손해진다.

그러나 잠시의 시간이 흐르고 상황이 진정되면

그때부터 진짜 인간성이 드러나게 마련이다.

어떤 이는 나눠주고 베풀면서 더불어 살려고 노력하는가 하면,

어떤 이는 무시하고 조롱하며

자신의 위치를 과시하기 시작한다.

그러나 그 종말은 너무나 다르게 나타날 것이다.

어떤 이는 존경과 사랑으로 모두의 찬사를 받는가 하면,

어떤 이는 차마 입에 담기도 힘든 온갖 독한 말들을

한 몸에 받아야 한다.

이스라엘 열두 지파 중에서

가장 작고 볼품없었던 막내 지파인 베냐민 지파에서 태어나

부모님께 순종하는 것 말고는

내세울 것 하나 없던 사울이라는 청년이 있었다.

다른 사람보다 머리 하나는 더 큰 키에

수줍어서 제대로 사람들 앞에 설 수 조차 없는

순수한 청년이었다.

그러던 그가 이스라엘 나라의 왕이 되자마자

가장 빠르게 교만함으로의 변화를 가져왔다.

교만의 증거는 항상 자기만 높고 크다는 것이고

교만의 결과는 가장 가슴 아픈 패망이었다.

진짜 겸손한 사람의 눈에는

나는 작아 보이고 상대는 커 보이며,

나는 무능해 보이고 하나님은 위대해 보이는 법이다.

그러므로 스스로의 힘을 과시하거나

자신의 업적을 기념하려는 행위는

가장 어리석은 교만의 표출이라고 할 수 있다.

나는 아무것도 아니기에 창조주의 능력과

힘이 필요하다고 느끼는 순간

그는 세상이 감당키 어려운 힘과 능력으로

자신을 무장할 수 있을 것이다.

겸손은 성공으로 나아가는 가장 가까운 지름길이다.

그 어떤 걸림돌이라 할지라도 겸손 앞에서는

다 무기력해지기 마련이다.

그리고 그 겸손은 나 스스로 창조해내는

어떤 사상이나 몸짓이 아니라

살아계시는 분 안에서 이루어야 할 믿음의 표현들이다.

지금 나의 발걸음이 주님의 발자취를 따라가고 있다면

언젠가 나는 틀림없이 성공에 이르게 될 것이다.

비전의 영향력과 겸손함

너희는 그 은혜에 의하여 믿음으로 말미암아 구원을 받았으니 이것은 너희에게서 난 것이 아니요 하나님의 선물이라 행위에서 난 것이 아니니 이는 누구든지 자랑하지 못하게 함이라 우리는 그가 만드신 바라 그리스도 예수 안에서 선한 일을 위하여 지으심을 받은 자니 이 일은 하나님이 전에 예비하사 우리로 그 가운데서 행하게 하려 하심이니라

(에베소서 2장 8-10절)

마른 얼굴에 튀어나온 눈!

더러는 눕거나 멍하니 앉아 하늘만 바라보는 아이들!

그 아이들 곁에

얼굴이며 팔다리에 수도 없이 붙어있는 파리 떼에게

시달리다 못해

이젠 쫓는 것마저도 포기했는지

말라붙은 입술 언저리를 연신 훔쳐대며

웅크리고 앉아 있는 사람들을 본다.

떼국물이 흐르다 못해 쩔어 붙었는데 거기엔 관심이 없고

오직 한 조각 빵을 바라보며

억지로 웃어 보이는 수용소의 난민들을 본다.

이들에겐 삶이 어떤 의미로 다가오는 것일까?

못 먹고 못 입고 살면서도

내 자식들 기(氣) 한번 펴고 살라고

이를 악물고 참아내던 우리네 어머니와는

너무나 다른 비참함을 본다.

저들에게 인생의 의미를 묻는 것은 사치스런 일일까?

세상에서, 아니 온 우주에서 가장 높으신 분이

사람의 모습으로 이 땅에 오셔서

가난하고 힘들고 병들고 지쳐서

일어날 힘조차 없는 사람들의 친구가 되어주셨다.

그리고 오히려 섬겨주셨다.

철저하게 자신을 비워 친히 겸손의 모범을 보여주셨다.

주님의 겸손은 엄청난 영향력으로 우리의 가슴을 파고들었다.

그리고 우리는 주님의 겸손에서 놀라운 비전을 발견한다.

비전이란 내가 사는 동안에

생명을 걸어볼 만한 어떤 일들을 일컫는 말이다.

세상을 살아가는 동안에

생명을 걸어볼 만한 어떤 일들을 나는 발견하였는가?

아니라면 난민 수용소에서

하늘만 쳐다보고 앉아 있던 사람보다 나은 점이 무엇인가?

나의 비전에는 사람을 살리려는 분명한 준비와 계획이 있는가?

설령 있다할지라도 겸손하지 않으면

그건 예수님과는 거리가 멀다는 뜻이며,

다른 사람들에게 영향을 줄 수 없다면 그 또한 무의미한 일이다.

그러나 그 나마의 꿈도 없이 살아가는 분들을 향해

나는 무슨 말을 해 주어야 할까?

우리가 함께 만들어가야 할 세상에서

나의 역할은 무엇이며

또 나의 주변을 향해 무엇을 할 것인가를

생각하며 살아간다면

당신은 이 사회의 진정한 주인이라고 할 수 있을 것이다.

참 자유를 아십니까?

여호와는 나의 목자시니 내게 부족함이 없으리로다 그가 나를 푸른 풀밭에 누이시며 쉴 만한 물 가로 인도하시는도다 내 영혼을 소생 시키시고 자기 이름을 위하여 의의 길로 인도하시는도다 내가 사망 의 음침한 골짜기로 다닐지라도 해를 두려워하지 않을 것은 주께서 나와 함께 하심이라 주의 지팡이와 막대기가 나를 안위하시나이다 주께서 내 원수의 목전에서 내게 상을 차려 주시고 기름을 내 머리 에 부으셨으니 내 잔이 넘치나이다 내 평생에 선하심과 인자하심이 반드시 나를 따르리니 내가 여호와의 집에 영원히 살리로다

(시편 23편 1-6절)

갓 돌을 넘겨

겨우 말을 할 수 있는 꼬마가 엄마를 향해

"왜 엄마 맘대로만 해~ 내 맘도 있는데~

엄마 맘만 다야~"라고 한다.

뭔가 잔뜩 골이 났다는 뜻이다.

이것저것 맘대로 하고 싶은데

엄마가 간섭하여 못하게 말리니까

제깐엔 싫다는 것이다.

결국은 자유를 박탈당한 꼬마의 억울함이

울먹임으로 나타난 것이다.

그런데 과연 아기가 하고 싶은 대로 그냥 두고 보는 것이

그 아기에게 자유를 주는 것일까?

자유란 그 안에 질서가 있고

섬김이 있고 타인을 향한 배려가 있어야 한다.

그런데 많은 이들은 방종과 자유를 혼동하고 있다.

자유는 내가 하고 싶은 대로

무엇이든 맘대로 하는 것이 아니다.

그것은 자유를 빙자한 방종이요 가장 해로운 사회악이다.

그렇다면 사람들이 누리기를 원하는 참 자유란 무엇인가?

그리고 그 자유를 누리기 위해

우리가 해야 할 일은 어떤 것들이 있는가?

공산주의가 기승을 부리던 시절

누군가가 자유를 이렇게 풍자했다.

모스크바에 살던 개(犬) 한 마리가

프랑스 파리에 이민을 왔는데

파리 개가 모스크바 개에게 물었다.

"소련에서는 생활이 어떠하며 소련 실정은 어떠냐?"

그러자 모스크바 개가

"소련은 사람뿐만 아니라 개들에게조차 완벽한 생활이

보장되어 있다. 먹을 것, 입을 것, 살 곳이 있다"면서

소련 자랑에 열을 올렸다.

파리 개가 고개를 갸우뚱거리며

"그러면 뭣 땜에 파리까지 왔니?"

그러자 "내가 여기 온 이유는 딱 한 가지야,

실컷 좀 짖어보고 싶어서."라고 했단다.

무슨 말인가?

인간에게 있어서 가장 소중한 것은

의식주 문제가 아니라 자유라는 것이다.

참 자유는 욕망에서의 자유이며, 두려움에서의 자유이며,

죽음에서의 자유인 것이다.

그리고 그 자유는

예수 안에 있음을 성경은 가르쳐 주고 있다.

성공 비결

야곱이 밧단아람에서 돌아오매 하나님이 다시 야곱에게 나타나사 그에게 복을 주시고 하나님이 그에게 이르시되 네 이름이 야곱이지 마는 네 이름을 다시는 야곱이라 부르지 않겠고 이스라엘이 네 이름이 되리라 하시고 그가 그의 이름을 이스라엘이라 부르시고 하나님이 그에게 이르시되 나는 전능한 하나님이라 생육하며 번성하라 한 백성과 백성들의 총회가 네게서 나오고 왕들이 네 허리에서 나오리라 내가 아브라함과 이삭에게 준 땅을 네게 주고 내가 네 후손에게도 그 땅을 주리라 하시고 하나님이 그와 말씀하시던 곳에서 그를 떠나 올라가시는지라 야곱이 하나님이 자기와 말씀하시던 곳에 기둥 곧 돌 기둥을 세우고 그 위에 전제물을 붓고 또 그 위에 기름을 붓고 하나님이 자기와 말씀하시던 곳의 이름을 벧엘이라 불렀더라

(창세기 35장 9-15절)

사람마다 나름대로의 성공에 대한 기준이 있고

또 그 성공을 위해 살아가고 있다.

그렇다고 누구나 다 성공하는 것은 아니다.

철저한 자기 관리와 노력만이

성공을 향해 가는 사람들에게 주어진 삶이라고 하겠다.

잘 살고 싶고 출세하고 싶고

행복하고 싶은 욕망을 가지고 있지만

뜻대로 되지 않는 것이 현실이다.

그러므로 이미 성공한 사람들의 삶 속에서

성공에 대한 교훈을 찾는 것은 매우 중요한 일이 될 것이다.

그 중에서 훗날 이스라엘이라고 불린

야곱이라는 사람의 이야기를 통해 그의 성공비결을 알아보자.

그는 성공과 복을 갈망하던 사람이었다.

그는 쌍둥이로 태어났지만 아쉽게도 동생으로 태어난 사람이다.

먼저 나오려고 형의 발꿈치를 붙잡았지만

그는 동생으로 태어났다.

당시 제도상 모든 권한과 재산권은 장자의 몫이었다.

장자와 차자의 차이는 너무도 큰 것이었다.

그는 동생으로 태어난 자신이 싫었다.

그래서 아버지와 형을 속이고

장자가 받아야 할 축복을 가로챘다.

그의 거짓말과 계산된 행동들은

어떤 경우에도 정당화될 수 없겠지만

복을 바라고 원했던 그의 정신은 기억해야 할 일이다.

그가 성공했던 또 다른 이유는 그의 신앙 때문이었다.

그는 나그네로 떠돌던 시절에도

신(神)을 향한 믿음을 저버리지 않고

가는 곳마다 제단을 쌓았었다.

그 신앙이 그를 성공하게 했던 힘이었다.

가장 중요한 성공비결은 신(神)이 주신 복 때문이었다.

영국의 한 신문이 독자를 대상으로

"누가 이 세상에서 가장 행복한 사람인가?"를 묻는

설문조사에서 뽑힌 세 가지 답이 있다.

첫째, 모래성을 쌓으며 놀고 있는 어린이.

둘째, 아기를 목욕시키는 엄마.

셋째, 수술에 성공한 외과의사 순이었다.

그러나 진정한 성공은

하나님의 은혜 안에 있는 성도의 얼굴이 아닐까?

어리석은 사람

한 부자가 그 밭에 소출이 풍성하매 심중에 생각하여 이르되 내가 곡식 쌓아 둘 곳이 없으니 어찌할까 하고 또 이르되 내가 이렇게 하리라 내 곳간을 헐고 더 크게 짓고 내 모든 곡식과 물건을 거기 쌓아 두리라 또 내가 내 영혼에게 이르되 영혼아 여러 해 쓸 물건을 많이 쌓아 두었으니 평안히 쉬고 먹고 마시고 즐거워하자 하리라 하되 하나님은 이르시되 어리석은 자여 오늘 밤에 네 영혼을 도로 찾으리니 그러면 네 준비한 것이 누구의 것이 되겠느냐 하셨으니 자기를 위하여 재물을 쌓아 두고 하나님께 대하여 부요하지 못한 자가 이와 같으니라

(누가복음 12장 13-21절)

대화라고 하는 측면에서 볼 때

참 많은 종류의 사람들을 보게 된다.

어떤 이는 남이 말할까봐 혼자서만 계속해서 말을 하고,

어떤 이는 다른 사람의 말을 듣고 계속해서 시비를 걸기도 하고,

어떤 이는 다른 사람의 말에는 전혀 귀를 기울이지 않고

딴 짓을 하기도 하고,

어떤 이는 상대방의 말을 끝까지 경청하여

말하는 이와 함께한 모든 사람들을 기쁘게 하는 사람도 있다.

세상에서 가장 지혜로운 사람은

누구에게나 배우려는 자세를 갖고 사람을 대하는 사람이다.

세상은 이런 사람들이 많을수록

살기 좋은 세상이 되어 질 것이다.

그런데 지혜로운 사람이라는 말을 뒤집으면

어리석은 사람이라는 말이 된다.

어리석은 사람과 지혜로운 사람은

이처럼 서로 상대의 끝에서 결정되는 것이다.

어리석은 사람의 특징은 무엇인가?

물질을 위해서라면 무엇이든지 할 수 있는 사람이다.

그것이 설령 형제우의를 버리는 일이라 할지라도

그는 과감히 행동에 옮긴다.

잠시 후에 사라지고 없어질 물질의 본질을

모르기 때문인 것이다.

어리석은 사람은 무지한 사람이다.

그는 자기가 알고 있고 자기가 경험한 것이

세상의 전부인 줄 안다.

그래서 이 세상의 삶이 전부인 줄 알고 살아간다.

이들을 향해 주님께서는 이렇게 말씀하신다.

"어리석은 자여 오늘 밤에 네 영혼을 도로 찾으리니

그러면 네 예비한 것이 뉘 것이 되겠느냐?"

자신 밖에 모르고, 물질 밖에 모르고,

자신의 경험과 지식만을 믿고 사는 사람은 어리석은 사람이다.

이들은 인색하다.

자기를 위해서는 아까울 것이 없으면서

다른 사람을 위해서는 너무나 인색하다.

이 말은 하나님께 대하여 인색하다는 뜻이 되기 때문이다.

그러나 펌프에 붓는 물을 아까워한다면

그 펌프에서는 결코 물을 얻을 수 없다는 사실을

기억해야만 할 것이다

다시 시작합시다

그들이 조반 먹은 후에 예수께서 시몬 베드로에게 이르시되 요한의
아들 시몬아 네가 이 사람들보다 나를 더 사랑하느냐 하시니 이르
되 주님 그러하나이다 내가 주님을 사랑하는 줄 주님께서 아시나이
다 이르시되 내 어린 양을 먹이라 하시고 또 두 번째 이르시되 요한
의 아들 시몬아 네가 나를 사랑하느냐 하시니 이르되 주님 그러하
나이다 내가 주님을 사랑하는 줄 주님께서 아시나이다 이르시되 내
양을 치라 하시고 세 번째 이르시되 요한의 아들 시몬아 네가 나를
사랑하느냐 하시니 주께서 세 번째 네가 나를 사랑하느냐 하시므로
베드로가 근심하여 이르되 주님 모든 것을 아시오매 내가 주님을
사랑하는 줄을 주님께서 아시나이다 예수께서 이르시되 내 양을 먹
이라

(요한복음 21장 15-17절)

새해가 밝았다.

떠오르는 태양도 유난히 밝고 힘 있어 보인다.

사람마다 생각이 다르고 경험이 다르겠지만

공통된 한 가지 사실은 싫든 좋든

이미 우린 새해를 맞았다는 것이다.

지난 일에 얽매어서 움츠릴 필요도 없고

지난 일을 떠올리며 우쭐댈 필요도 없다.

지난 일은 지난 일일 뿐 그 이상도 이하도 아니기 때문이다.

남보다 좋은 일이 있었다면 쭈욱 밀고 나가면 되는 것이고

실패와 어려움 속에서 힘들었다면

실패를 거울삼아 새로운 것을 창조하면 되는 것이다.

그것이 다시 시작하는 사람의 마음가짐이다.

그러므로 지난 일에 연연해서

새로움을 그르치는 일은 없어야 할 것이다.

한번 흘러간 물이 돌이켜 흐르지 않는 것처럼

이미 지나버린 우리 인생도 돌이킬 수 없음을 알아야 한다.

그러므로 매사를 신중하게 결정하고 진행하되

이미 지나버린 날들에 대해서는 돌이키려 해서도 안 되고

또 돌이킬 수도 없는 것이다.

따라서 어차피 돌이킬 수 없는 인생이라면

멋지게 다시 시작함이 옳지 않겠는가?

그것이 지난날에 얽매어서

미래를 더 큰 충격으로 몰고 가는 것을

예방할 수 있는 유일한 길이 될 것이다.

2007년은 우리에게 또 다른 기대와 설렘을 주었다.

성공한 사람들에게는 자신감을 가지고

출발하는 출발점이 되었고,

실패했던 사람들에게는

다시 한 번 새롭게 출발할 수 있는 기회를 제공하였다.

이제 이렇게 우리 앞에 주어진 새해를

얼마나 아름답게 만들어가고 가꾸어 가느냐 하는 것은

전적으로 우리들의 몫이다.

지난날들처럼

거듭되는 후회와 아픔으로 인생을 이어나갈 것인지

아니면 정말 새로워진 인생을 소중하게

만들어 갈 것인지는 출발선에서부터 알 수 있다.

생각이 바뀌지 않으면

결코 다른 행동을 기대할 수 없기 때문이다.

왜 그분을 따라가야 하는가?

또 이튿날 요한이 자기 제자 중 두 사람과 함께 섰다가 예수께서 거
니심을 보고 말하되 보라 하나님의 어린 양이로다 두 제자가 그의
말을 듣고 예수를 따르거늘 예수께서 돌이켜 그 따르는 것을 보시
고 물어 이르시되 무엇을 구하느냐 이르되 랍비여 어디 계시오니이
까 하니 (랍비는 번역하면 선생이라) 예수께서 이르시되 와서 보
라 그러므로 그들이 가서 계신 데를 보고 그 날 함께 거하니 때가
열 시쯤 되었더라 요한의 말을 듣고 예수를 따르는 두 사람 중의 하
나는 시몬 베드로의 형제 안드레라 그가 먼저 자기의 형제 시몬을
찾아 말하되 우리가 메시야를 만났다 하고 (메시야는 번역하면 그
리스도라) 데리고 예수께로 오니 예수께서 보시고 이르시되 네가
요한의 아들 시몬이니 장차 게바라 하리라 하시니라 (게바는 번역
하면 베드로라)

(요한복음 1장 35-42절)

가끔씩은 현실로부터 도피하고 싶은 충동을

누구나가 느낄 것이다.

싫든 좋든 일단 떠나고 싶은 것이다.

그리고 그 도피의 이유가 실패나 아픔 때문이라면

그 정도는 더하리라고 본다.

그런데 그 실패의 자리, 도피의 자리에서

다시금 나를 회복시켜 주실 분을 만난다면

그 기분은 말로 형용할 수 없을 것이다.

어쩌면 도피하고 싶었던 순간보다

더 큰 기대감으로 인생을 생각할지 모른다.

다시 회복될 수 있다는 기대감,

이제 모든 것을 제자리로 되돌릴 수 있다는 설렘이

힘겹게 지나온 날들을 위로할는지도 모른다.

시몬이라는 갈릴리 어부는 자신의 현재의 모습을 뛰어넘어

분명한 미래상을 제시해 주신 분을 만났다.

그 후 시몬의 삶은 이전과는 너무나 다른 삶이었다.

평생을 갈릴리 어부로 살아야 했던 그에게

그분은 꿈을 주셨기 때문이다.

그것이 시몬이 그분을 따라가야 했던 아주 단순한 이유였다.

시몬이 따라갔던 그분을 우리는 왜 따라가야 하는가?

그분 안에 우리의 미래가 있기 때문이다.

사람들이 열정을 상실하는 이유는

자신의 미래를 보지 못하기 때문이다.

그러나 그분 안에 우리의 미래가 있다.

그분은 우리의 가능성을 아시고

우리의 미래와 분명한 삶의 목적을 알려주신다.

그리고 거기에 그치지 않는다.

그분은 우리에게 새로운 미션을 주신다.

그것이 우리가 그분을 따라가야 하는 이유인 것이다.

우리가 그분을 따라가야만 하는 가장 중요한 이유는

결정적으로 그분이 우리의 삶을 설계하신 분이라는 데 있다.

그분이 우리의 삶을 설계하신 분이라는데

그분을 따라가지 않고

어떻게 우리 인생의 진정한 꿈과 비전이 실현될 수 있겠는가?

그분 안에 우리의 미래가 있는데…

함께 앞으로 나아갑시다

내가 이미 얻었다 함도 아니요 온전히 이루었다 함도 아니라 오직 내가 그리스도 예수께 잡힌 바 된 그것을 잡으려고 달려가노라 형제들아 나는 아직 내가 잡은 줄로 여기지 아니하고 오직 한 일 즉 뒤에 있는 것은 잊어버리고 앞에 있는 것을 잡으려고 푯대를 향하여 그리스도 예수 안에서 하나님이 위에서 부르신 부름의 상을 위하여 달려가노라 그러므로 누구든지 우리 온전히 이룬 자들은 이렇게 생각할지니 만일 어떤 일에 너희가 달리 생각하면 하나님이 이것도 너희에게 나타내시리라 오직 우리가 어디까지 이르렀든지 그대로 행할 것이라

(빌립보서 3장 12-16절)

운동장에 그려진 하얀 선이 다 지워져서

다시 그리는 경우가 종종 있다.

그런데 어떤 사람은 비뚤비뚤하게 선을 그리고

어떤 사람은 똑바르게 선을 그리는 것을 볼 때가 있다.

두 사람 다 열심히 그렸는데

한 사람은 모두에게 만족을 주었고

한 사람은 누군가로 하여금 다시 그리게 하는 수고를 하게 했다.

일부러 그런 것도 아닌데

결과가 이렇게 다르게 나타나는 것은 간단한 이유 때문이다.

목표를 설정한 사람과 그렇지 못한 사람의 차이다.

선을 바르게 그린 사람은

내가 그려야할 선을 어떤 건물이나 나무에

목표를 두고 그려갔으며,

비뚤게 그린 사람은 목표가 없이 그렸기 때문에

똑바로 그린다고 그렸지만 결과는 비뚤어지고 만 것이다.

인생도 마찬가지다.

목표 없이 대충 살아간다면 제깐엔 열심히 살아갈지라도

인생은 전혀 예상치 못한 방향으로 흘러가게 되는 것이다.

그러나 분명한 인생의 목표를 정하고

그 목표를 바라보며 살아간다면

출발점에서 계획했던 대로 완성되어 가는 게 인생인 것이다.

자신의 인생의 목표를 너무도 분명하게 설정해 놓고

평생을 목표에서 이탈하지 않고

끝까지 목표만을 향해서 살았던 위대한 사람이 바울이다.

그는 부활하신 예수를 만난 후

자신의 인생의 푯대를 새롭게 설정하였다.

그리고 평생을 푯대 되신 예수 그리스도만을 향하여

위에서 부르신 부름의 상을 위하여 살았다.

그것이 그 인생의 전부였다.

그런데 그 인생이

이 땅에 태어나 살다가 죽어간 모든 사람들 중에

최고의 인생이었음을 성경은 증거하신다.

우리에게도 똑같은 기회가 주어졌다.

그리고 우리의 목표 또한 바울의 목표와 동일하신

예수 그리스도이시다.

그리고 우리 인생의 성공과 실패는 그분이 평가하실 것이다.

아무 염려 마세요

그러므로 염려하여 이르기를 무엇을 먹을까 무엇을 마실까 무엇을 입을까 하지 말라 이는 다 이방인들이 구하는 것이라 너희 하늘 아버지께서 이 모든 것이 너희에게 있어야 할 줄을 아시느니라 그런즉 너희는 먼저 그의 나라와 그의 의를 구하라 그리하면 이 모든 것을 너희에게 더하시리라 그러므로 내일 일을 위하여 염려하지 말라 내일 일은 내일이 염려할 것이요 한 날의 괴로움은 그 날로 족하니라

(마태복음 6장 25-34절)

292

숙제를 하지 못해 잔뜩 겁을 먹은 친구를 향해

숙제를 다 한 다른 친구가

"걱정 마"라고 말한다면 그 아이의 반응이 어떨까?

"넌 숙제 다 했으니까 걱정이 안 되겠지만

숙제를 하지 않은 내가 어떻게 걱정을 안 할 수 있겠니?

네 숙제 나 줄 거야?"라고 따져 물을 것이다.

그런데 이번엔 숙제를 안 해서 울상이 된 친구에게

선생님이 다가오셔서

"걱정 마. 오늘 숙제검사 안할 거야"라고 하신다면

숙제를 안 해온 친구의 마음이 어떨까?

살다보면 마치 숙제를 안 해온 아이처럼

걱정스럽고 염려되는 일들이 참 많이도 생긴다.

그때 발을 동동 구르거나 안절부절 어쩔 줄을 모르지만

결국 해결되는 것은 아무것도 없다.

숨 막히는 두려움과 공포가 있었을 뿐이다.

그러나 그 염려와 관계된 당사자가 찾아와

별일 아니니 걱정 말라고 말해 준다면

그래도 안절부절 발을 구르며 온갖 염려로 밤을 지새우겠는가?

마치 숙제를 내주신 선생님께서

숙제검사를 하지 않으시겠다고 하신 것처럼,

세상 모든 사람의 모든 염려를 다 해결해 주실 수 있는 분이

"너희는 내일 일을 염려하지 말라"고 하신다.

그런데도 사람들은 이런 걱정 저런 염려로 세월을 보낸다.

그러나 염려는 아무 유익이 없다.

염려는 다른 사람에게 나쁜 영향을 줄 뿐이다.

무엇보다 염려는 문제를 해결해주시겠다는 분의

약속을 믿지 못하는 행동이다.

따라서 내일 걱정은 내일로 미루고

오늘은 오늘 일에만 충실하기로 하자.

그것이 세상을 만드신 분의 뜻이며

사람을 사랑하시는 분의 뜻이다.

누가 염려함으로 자기의 키를

한 자나 크게 할 수 있느냐는 것이 그분이 던지신 질문이다.

그러므로 염려보다는 미래를 향한 꿈을 가지는 것이

훨씬 아름다운 삶으로 가는 모습일 것이다.

기 죽지 말고 사세요

하나님이여 사슴이 시냇물을 찾기에 갈급함 같이 내 영혼이 주를
찾기에 갈급하니이다 내 영혼이 하나님 곧 살아 계시는 하나님을
갈망하나니 내가 어느 때에 나아가서 하나님의 얼굴을 뵈올까 사람
들이 종일 내게 하는 말이 네 하나님이 어디 있느뇨 하오니 내 눈물
이 주야로 내 음식이 되었도다 내가 전에 성일을 지키는 무리와 동
행하여 기쁨과 감사의 소리를 내며 그들을 하나님의 집으로 인도하
였더니 이제 이 일을 기억하고 내 마음이 상하는도다 내 영혼아 네
가 어찌하여 낙심하며 어찌하여 내 속에서 불안해 하는가 너는 하
나님께 소망을 두라 그가 나타나 도우심으로 말미암아 내가 여전히
찬송하리로다

(시편 42편 1-5절)

사람마다 크든 적든 꿈들이 있다.

그리고 그 꿈을 이룬 사람과

전혀 꿈과는 다른 인생을 살아가는 사람들이 있다.

그러나 처음 가졌던 꿈과는 전혀 다르게

기를 펴고 사는 사람과 항상 기가 죽어지내는 사람이 있다.

사람이 사람 앞에서 기를 펴고 사는 것보다 중요한 일은 없다.

이는 당당함의 표현이기 때문이다.

문제는 늘 기가 죽어지내는 사람들이다.

왜 기가 죽어지내는가?

자기 자신을 바라보기 때문이다.

실패하고 넉넉하지 못한 자신을 바라보기 때문이다.

직장에서 소외되고 과거의 꿈은 산산조각이 나 버렸고

사랑했던 사람마저도 멀리 떠난 지금

자신은 실패자라는 생각에 기가 죽은 것이다.

이는 자기 자신을 바라보기 때문이다.

실패자가 되는 지름길을 어떤 이는 이렇게 말하고 있다.

자신을 못 났다고 생각하며

자신을 무능하다고 여기며

모든 일에 불평거리를 찾으며

날마다 부족한 것들만 생각하며

자신과 타인의 단점만을 살피며

어렵고 힘들 땐 쉽게 포기하며

항상 무기력하고 낙심하며

한번 실패하면 이젠 끝장이라고 생각하는 사람은

실패자의 지름길에 들어섰다는 것이다.

사람이 이처럼 기를 펴지 못하고 사는

또 다른 이유는 과거만을 바라보기 때문이다.

과거가 아닌 미래를 내다볼 때 기죽지 않고 살 수 있는 것이다.

마치 갱년기 여인들이 고교시절 앨범을 펼쳐 놓고

'이 때가 좋았었는데, 이땐 정말 꿈도 많고 예뻤었는데~'라며

괜스레 눈물 글썽이며 우울해 해도

과거로는 다시 돌아갈 수 없는 것과 같다.

그러므로 사람이 기 죽지 않고 살아갈 수 있는

가장 중요한 일은 절대자의 도우심을 바라보아야 한다.

유일하신 그분의 도움을 받을 수만 있다면

세상 어디에서도 가장 당당한 모습으로 설 수 있을 것이다.

그러므로 지금 우리의 시선은

유일하신 하나님께로 향해져야 하는 것이다.

안식의 참된 의미

천지와 만물이 다 이루어지니라 하나님이 그가 하시던 일을 일곱
째 날에 마치시니 그가 하시던 모든 일을 그치고 일곱째 날에 안식
하시니라 하나님이 그 일곱째 날을 복되게 하사 거룩하게 하셨으니
이는 하나님이 그 창조하시며 만드시던 모든 일을 마치시고 그 날
에 안식하셨음이니라

(창세기 2장 1-3절)

가끔씩 쉬고 싶을 때가 있다.

피곤할 때도 그렇고

일이 잘 풀리지 않을 때도 그렇고

마음이 눌릴 때도 그렇다.

그러나 맘대로 쉴 수 없다는 것을 누구보다 잘 알기에

쉬고 싶어도 쉬지 못하고 그냥 살아가는 사람들 틈 속에서

나도 열심을 가장한 채 살고 있다.

현대의 특징 중 하나가 빠른 변화가 아닌가 싶다.

너무도 빨리 변화하는 세태 속에서

그 변화에 동화되지 못하거나 적응하지 못하면

도태되고 마는 게 현대인이다.

찬란하게 떠오르는 아침 햇살을 바라보면서도

아무런 감동이 없어진 지 오래고,

달빛 교교한 창문은

아예 기억 속에서 사라져 버렸고,

지는 해를 바라보면서

이제 사랑하는 가족과 함께

행복한 시간을 가져야겠다는 낭만은

아주 사치스런 일이 되어버렸다.

중노동에 시달리며 머리가 아프도록 일했지만

내일을 염려하지 않으면 안 되고

자신도 모르는 분주함이 몸에 배어

가만있으면 손해 보는 느낌이 들어 쉴 수가 없다.

이러한 인간상실의 비극 속에서

현대인을 구원할 유일한 대안은 안식이다.

상실된 안식을 현대문화 속에서 회복하는 것이

가장 큰 숙제가 될 것이다.

그러면 안식은 왜 필요한 것인가?

과거를 되돌아 볼 수 있게 해 주기 때문이다.

과거를 되돌아본다는 것은

미래를 계획할 수 있다는 말과 같은 것이다.

그리고 안식은 현재를 새롭게 해 준다.

물론 피곤함에서의 회복을 가져다주는 것도 안식이다.

그러나 안식은 단순히 피곤하기 때문에 쉬는 것과는 다르다.

중세기의 수도사들은 안식년이 되면

더 메마른 사막과 더 깊은 광야로 들어갔다고 한다.

그곳에서 영성을 회복하겠다는 것이었다.

결국 안식은 미래를 창조하는 것이라고 할 수 있다.

이제 자신을 돌아보자.

그리고 여기쯤에서 잠시 쉬어가면 어떨까?

더 나은 내일을 위해 오늘은 여기쯤에서 쉬어보자.

하나님께 쓰임 받는 교회

큰 집에는 금 그릇과 은 그릇뿐 아니라 나무 그릇과 질그릇도 있어 귀하게 쓰는 것도 있고 천하게 쓰는 것도 있나니 그러므로 누구든지 이런 것에서 자기를 깨끗하게 하면 귀히 쓰는 그릇이 되어 거룩하고 주인의 쓰심에 합당하며 모든 선한 일에 준비함이 되리라

(디모데후서 2장 20-26절)

벌써 9년이 지났다.

여기저기 교회 장소를 물색하고 돌아다니던 것이

벌써 9년 전의 일이 되었다.

종탑이 올라가고 예배당 내부 공사가 진행 중이었을 때

한없는 행복과 세상을 다 가진 것 같았던 만족감을

잊을 수가 없다.

1998년 8월 23일 첫 예배를 드리던 날!

어디서 왔는지 28명의 성도가 함께 모여

서인천제일교회의 탄생을 알리는 첫 예배를 드렸었다.

예배 시작을 알리는 종소리가 세상을 향해 울려 퍼졌고

가슴 찡한 천상의 소리가 예배시간 내내 가슴에 울려 퍼졌다.

그리고 9년이 지났다.

개척한 지 6개월 만에 예배당을 100평으로 확장하였고,

확장한 지 한 달 만에 화재가 났고,

화재 후 일 년 만에 교회가 있는 건물이 경매로 넘어가

갈 곳을 잃고 눈물로 예배당 바닥에서 밤을 지새우길 수개월!

그리고 2001년 9월 14일!

이 예배당을 마련하고 어린아이처럼 기뻐하기도 했었다.

드디어 2001년 12월 9일 입당예배를 드리던 날

긴장과 기쁨으로 한없이 떨리는데

얼굴은 웃고 있었지만 가슴으로는 울고 울었다.

2002년 12월 이름을 밝힐 수 없는

어떤 성도의 헌신으로 1층 공사를 마무리하면서

우리교회의 아름다움과 비전을 볼 수 있었다.

그렇게 힘든 고비는 다 지나고

이제 주님 오실 날을 기다리는 아름답고 고귀한 교회로

우뚝 설 수 있었음을 진심으로 감사드린다.

이제 우리 서인천제일교회는

주님께서 사랑하시는 소중한 영혼들을 위해

눈물을 흘릴 줄 아는 교회로 세워져가고 있다.

그리고 더 큰 하나님의 은혜를 기대하며

오늘도 울다만 얼굴에 웃음을 지어본다.

또한 사랑하는 성도들의 삶이 주님 안에서 형통하기를

얼마나 바라고 바라는지 모른다.

끝내 이 시대 주님께 쓰임 받는

아름다운 교회로 흠이 없이 세워져 가기를

오늘도 주님 앞에 간절히 기도한다.

성도에게
고난이 임할 때

내 고초와 재난 곧 쑥과 담즙을 기억하소서 내 마음이 그것을 기억하고 내가 낙심이 되오나 이것을 내가 내 마음에 담아 두었더니 그것이 오히려 나의 소망이 되었사옴은 여호와의 인자와 긍휼이 무궁하시므로 우리가 진멸되지 아니함이니이다 이것들이 아침마다 새로우니 주의 성실하심이 크시도소이다 내 심령에 이르기를 여호와는 나의 기업이시니 그러므로 내가 그를 바라리라 하도다 기다리는 자들에게나 구하는 영혼들에게 여호와는 선하시도다 사람이 여호와의 구원을 바라고 잠잠히 기다림이 좋도다 주께서 인생으로 고생하게 하시며 근심하게 하심은 본심이 아니시로다 세상에 있는 모든 갇힌 자들을 발로 밟는 것과 지존자의 얼굴 앞에서 사람의 재판을 굽게 하는 것과 사람의 송사를 억울하게 하는 것은 다 주께서 기쁘게 보시는 것이 아니로다 주의 명령이 아니면 누가 이것을 능히 말하여 이루게 할 수 있으랴 화와 복이 지존자의 입으로부터 나오지 아니하느냐 살아 있는 사람은 자기 죄들 때문에 벌을 받나니 어찌 원망하랴

(예레미야애가 3장 19-39절)

사람이라면 누구나가 살면서 당하는

보편적인 삶의 한 부분을 고난이라고 할 수 있다.

고난 없는 인생은 삶의 깊이를 모르며,

고난 없는 인생은 삶의 진정한 기쁨도 모른다.

다시 말하면 고난은 인간으로 하여금

삶의 진지함을 맛보게 하며,

인생의 참다운 맛을 느끼게 해주는

신(神)의 선물이요 관심이라고 하겠다.

그런데 이러한 고난이 다른 사람에게 찾아 왔을 때는

그것이 인간예찬의 노래가 되고,

승리를 위한 전주곡이 되겠지만,

나에게 찾아 왔을 때는 그 의미가 전혀 다르다는 것이다.

고통과 눈물의 시작이요,

신을 향한 부르짖음의 출발이요,

인간 한계상황을 경험케 하는 무시무시한 도발인 것이다.

문제는 이러한 양면성을 지닌 고난이

아무에게나 찾아올 수 있다는 것이다.

믿는 자에게나 불신자에게나 누구에게나 찾아와

인생을 온통 뒤흔들어 놓고 가버린다.

그리고 고난이 주는 후유증은

한숨과 무질서와 가정파괴와 절망이다.

그러나 이토록 무시무시한 고난을

어떻게 맞이하고 이겨내는가에 따라

한 사람의 인생이 송두리째 바뀔 수도 있음을 알아야 한다.

어떤 이는 고난을 이기지 못해 실패자가 되는가 하면

어떤 이는 고난을 딛고 일어나

인간 승리를 외치는 이도 있기 때문이다.

이스라엘은 바벨론에 멸망을 당하고

전쟁에 나갔던 젊은이들은 다 죽고

그나마 살아남은 자는 포로로 끌려가고

남은 건 여자와 노인들과 아이들뿐이었다.

이것이 바로 유대 민족의 고난이었고 유대인들의 고통이었다.

그러나 바로 그때 그들은 여호와의 자비와 긍휼을 기다렸다.

극한 고난 중에 소망을 가졌다는 말이다.

이제는 정말 끝이라고 생각되는 바로 그 순간이

가장 큰 소망을 품을 수 있는 최고의 순간인 것이다.

인
생
은
연
습
이
없
어
요

초판1쇄 2018년 9월 1일

지은이 · 이두형

펴낸이 · 채주희

펴낸곳 · 도서출판 엘맨

발행인 · 채주희
주소 · 서울특별시 마포구 신수동 448-6
전화 · 02-323-4060, 02-6401-7004 | **팩스** · 02-323-6416
이메일 · elman1985@hanmail.net | www.elman.kr

등록번호 · 제 10호-1562(1985. 10. 29.)

값 · 13,800원

ISBN 978-89-5515-639-3